体能训练新论

——探析定向越野运动

吴昌文　著

中国广播影视出版社

图书在版编目（CIP）数据

体能训练新论：探析定向越野运动 / 吴昌文著. --北京：中国广播影视出版社，2019.9

ISBN 978-7-5043-8322-8

Ⅰ.①体… Ⅱ.①吴… Ⅲ.①青少年－定向运动－越野项目－体能－身体训练－研究 Ⅳ.①G826

中国版本图书馆CIP数据核字（2019）第141935号

体能训练新论——探析定向越野运动

吴昌文 著

责任编辑：许珊珊
封面设计：贝壳学术

出版发行 中国广播影视出版社
电　　话：010-86093580　010-86093583
社　　址：北京市西城区真武庙二条9号
邮　　编：100045
网　　址：www.crtp.com.cn
电子信箱：crtp8@sina.com

经　　销：全国各地新华书店
印　　刷：旭辉印务（天津）有限公司

开　　本：710毫米×1000毫米　1/16
字　　数：200（千）字
印　　张：12
版　　次：2019年9月第1版　2019年9月第1次印刷

书　　号：ISBN 978-7-5043-8322-8
定　　价：45.00元

作 者 简 介

    吴昌文，1980 年生，男，湖南安乡人，2004 年于武汉体育学院获本科学历，学士学位，2014 年于河南师范大学获硕士学位，现为广东理工学院体育系教师。大学毕业后从事高校体育教学，倾心于高校体育教学改革与运动训练方面的系统研究，先后发表《肇庆市社区体育俱乐部建设的调查研究》《浅谈高校体育教学中的软式排球教学》等十多篇论文，多次被评为广东理工学院优秀教师。

内 容 简 介

定向越野最具亲近自然的特点，参与者在学习定向越野运动项目的同时更掌握了一项生活技能、生存技能。本书主要介绍了定向越野运动的概述、定向越野的体能训练、定向越野训练计划指导、高水平定向运动员的训练研究、定向越野体能训练在各级学校中的发展研究、定向越野体能训练的控制和医务监督等内容，创新性地提出了适合大、中、小学生的体能训练方案，且具有实践指导作用。

本书可供相关领域的教师、研究人员、学生参考，对此领域感兴趣的读者也值得阅读。

|目　录|

第一章 定向运动概述

第一节 何谓定向运动

一、定向运动的定义

国际定向运动联合会 2004 年版徒步定向赛事规则中，徒步定向（Foot Orienteering）或定向越野（Cross-country Orienteering）被定义为一项参与者借助地图和指北针，以徒步越野跑的形式，在最短的时间内按照一定的顺序到达若干个被同时标记在地图上和地面上的检查点的运动。该运动既可以在风光秀丽、空气清新的森林、山地和公园中进行，也可以在校园和街区中开展。

定向运动有许多形式，按照运动模式，国际定向运动联合会（International Orienteering Federation，IOF，以下简称国际定联）将定向运动（Orienteering）项目划分为徒步定向或定向越野、滑雪定向（Ski Orienteering）、山地自行车定向（Mountain Bike Orienteering）和轮椅定向（Trail Orienteering）。定向越野是定向运动的典型形式，也是定向运动发展的根源。

定向运动具体内容如下：

定向运动是一项使用指北针和专门绘制的布满地形细节的地图寻找目标点的运动。

定向运动就是用尽可能短的时间，找到规定路线中所有检查点。规定路线由一个起点、若干个检查点和终点组成。

定向运动的检查点放在比较明显的特征旁，同时在地图上使用红色的圆圈表示。

每一个检查点的位置上有一个点标旗，每一个检查点都有一个号码，同时设置有打卡器。

参加定向运动比赛时，参赛者会拿到地图、检查点说明表、指卡（有电子和纸张两种）。检查点说明表是用来告知参赛者每个检查点的具体点位和号码的一个列表，一般印刷在比赛的地图上。有的比赛会提前发给参赛者，也有的在比赛现场发放。

在定向运动中，参赛者的主要目的是尽可能快地找到检查点，因而点与点之间的路线选择就是为了能更快地找到检查点。体力最好的参赛者不一定能获得冠军，获得冠军的参赛者都是体能与技能结合较好的人。

定向运动是个性化的运动，要求参与者能保持较长时间的注意力，关注自己的路线选择，并控制自己选择的路线。

综上，打个最简单的比喻，定向运动就好像你想从北京到外地旅游，计划第一站西安，第二站成都，第三站广州，然后返回北京，这实际上就是在一张中国地图上演绎的"定向运动"。拟走的路线是：北京—西安—成都—广州—北京，即可视为"起点—检查点1—检查点2—检查点3—终点"。

这个比喻虽然讲明白了定向运动的流程，却仍不算真正的定向运动。因为从北京到西安，买张火车票，准点上车，睡觉也行，看书也行，终点肯定是西安，既不需要自己判定方向，也无须为选择路线而伤神。参与者没有智力的体现和体能的消耗，也没有水平高低之分。然而真正意义上的定向运动，则必须是在户外进行，有一个与大自然亲密接触的过程。可以是公园、风景区、度假村、校园、庭院以及有良好植被、起伏丘陵、多种地物、复杂地貌的野外区域；必须要用指北针或地图判定方向，找到要去的地方，即检查点；必须在实地有放置好的点标，即标志物，每个点标的位置，在地图上都有明确标定；必须按顺序依次找到每个检查点，再用最快的速度回到终点。

二、定向运动的起源和发展

定向运动起源于北欧的瑞典。"定向"一词最早出现在 1886 年的瑞典，意思是在地图和指北针的帮助下，穿越未知的地带。

地处北欧斯堪的纳维亚半岛的瑞典，国土崎岖不平，覆盖着一望无际的森林，散布着无数的湖泊、城镇和村庄，人们主要利用隐现在林中湖畔的小径来往于各地，因而人们必须学会并具备精确辨别方向的能力，否则将会有迷失方向的危险。因此，地图和指北针就成为人们行走和生活的必需品。生活在半岛上的居民、军队，便成了定向运动的先驱者。

最初的"定向"只是一项军事活动，军人们把在山地里辨别方向、选择道路和越野行进作为军事训练的内容。后来在瑞典（1888 年）和挪威（1895 年）的军营中，军人利用军用地图先后进行了最初的该类体育竞赛。

1897 年 10 月 31 日，在挪威组织了第一次面向民众的比赛，当时参赛的人数仅有 8 人，其后在挪威还举行了一些小规模的比赛。

定向运动从军营走向社会，始于 20 世纪初。瑞典的一位童子军领袖吉兰特（Ernst Killander），于 1918 年组织了一次名为"寻宝游戏"的活动，给定向运动赋予了游戏的特性，引起了人们的极大兴趣。从此，该项活动在北欧广泛开展起来。1919 年 3 月 25 日，一次影响深远的定向比赛在斯德哥尔摩南部 Nacka 的林中举行。参赛人数达到 217 人，它的组织模式与规格标志着定向运动作为一项独立的体育项目的诞生。时任瑞典斯德哥尔摩体育联合会主席的吉兰特便被人们视作"定向运动之父"。

到 20 世纪 30 年代，定向运动已在瑞典、挪威、芬兰和丹麦立足并有了较好的发展。1932 年举行了第一次世界定向运动锦标赛。

　　第二次世界大战期间，1943 年，驻扎在英格兰的挪威反抗军将定向运动介绍给了英国。第二次世界大战结束后，1946 年，美国童子军引进了定向运动。随后的 20 年间，加拿大、澳大利亚、法国、德国、日本等国家都相继引进了这项运动。从此，定向运动在西方国家得到了蓬勃的发展。

　　1961 年 5 月，为了适应定向运动在全世界范围内的普及与发展，国际定向运动联合会在丹麦首都哥本哈根成立。在成立会上，还确定了正式的比赛项目，制定了一系列的比赛规则与技术规范。国际定向运动联合会的成立，标志着定向运动进入了崭新的发展时期。国际定向运动联合会正在争取为定向运动纳入奥运会的正式比赛项目而努力。

　　每两年一次的世界定向运动锦标赛越来越成熟，影响也越来越大。国际军体理事会已把定向运动列为正式比赛项目之一。定向越野比赛也是国际大学生体育联合会的一个正式比赛项目。

　　目前，在世界五大洲的 60 多个国家和地区，有 400 多万定向运动爱好者。在西方，各地都有专门划出用于定向运动的区域，各种有关书籍、音像制品也层出不穷。有不少国家甚至将定向运动列入学校课程之中。据称，在北欧热爱定向运动的人数已经超过了"世界第一运动"足球的爱好者。仅瑞典 800 多万人口中，就有积极的定向运动员和爱好者各 150 万人，全国有 700 多个定向运动俱乐部，每年组织 1000 多场定向运动比赛，每次参赛人数都是成千上万，最多时达到 4 万多人。瑞典国王是最权威的支持者，众多政界要人、商业巨头、媒体名人都成为定向运动的积极参与者。所有瑞典学校的学生和军人都必须学习定向运动，并将其列为一门必修课程。定向运动已成为许多瑞典人的一种生活方式。

三、定向运动在我国的开展

　　在中国的国土上最早引进定向运动的地区是香港。1979 年 3 月，香港的定向运动爱好者在各界人士的支持下成立了"香港野外定向会（HKOC）"。

在我国内地，按国际标准将定向运动正式作为一项体育活动和比赛项目开展是在 1983 年。在此之前，20 世纪 70 年代末，我国内地的体育报刊上刊登了一些介绍国际定向运动的文章，定向运动特有的重要锻炼价值和实用意义逐渐引起了国内体育和军事部门的注意，中国人民解放军把定向运动列为军队常规训练科目之一。1983 年 3 月 10 日，解放军体育学院首次在广州白云山组织了一次"定向越野实验比赛"。此后，在一些军事院校也相继举办了定向比赛。同年 7 月，北京市测绘学会在举办青少年夏令营时，组织 100 多名 15～17 岁的中学生在密云举行了一次定向越野比赛，受到了营员们的欢迎，激发了大家对定向运动的极大兴趣。

进入 20 世纪 80 年代中期，我国开展的各类定向越野比赛有所增加。1985 年 9 月 29 日，深圳市体委在解放军体育学院的协助下，与香港野外定向会共同举办了首届"深港杯野外定向 85 比赛"。1986 年，是国际定联（IOF）成立 25 周年。在这一年的 1 月 1 日至 5 日，"亚洲及太平洋地区定向越野锦标赛"在香港举行，国际定联对在中国开展定向运动给予了热情的关注和支持。同年元旦，中国人民解放军长沙地区军队院校协作区在广州组织了"首届定向越野比赛"。同年 1 月 7 日，深圳市体委与香港野外定向会在深圳岗厦地区联合举办了"深圳国际野外定向 86 友谊赛"，有亚、欧、拉美、大洋洲等近 20 个国家和地区派出代表队参加，我国香港、深圳、广州、长沙、桂林等地派队参加了这次国际友谊赛，并取得了满意的赛绩。1994 年 9 月，原国家体委、原国家教委、总参军训部、国家测绘局共同主办了首届全国定向运动锦标赛（北京），这是该项目真正意义上的第一次全国性正式比赛，并决定以后每年举行一次。这一系列的比赛，扩大了定向运动的社会影响，培训了一批骨干力量，积累了相应的组织活动与比赛经验，为今后定向运动在我国的进一步推广和发展提供了初步的条件和经验。经国家民政部和国家体育总局批准，中国定向运动协会于 2004 年 11 月 10 日在北京宣布成立。这标志着定向越野这一古老而又新兴的体育运动在中国的发展进入了成熟阶段。

在大、中学校中推广定向越野活动，是极具战略意义的选择和决策。1995 年 8 月，原国家教委举办了首届全国大学生定向越野比赛，至今这一赛事仍定期举行，并逐步形成了制度。同年，首届高校国防体育节在吉林举行，参加体育节定向越野比赛的学校达 60 多所，运动员 400 多名。现在定向运动已作为体育课程的拓展课程内容，逐步进入大、中、小学的体育课堂。在我国的沿海地区，许多大、中学校成立了定向运动队、定向运动俱乐部，吸引了一批批青少年学生参加；培养师资摇篮的体育院（校）、系已将定向运动作为新增设的课程；各地区、各种形式的定向运动比赛、定向运动夏令营、定向运动骨干培训班等活动非常活跃；广大体育教师开始涉足于定向运动科学研究的新领域，刊登出版了一批具有指导价值与实际意义的科研论文和学术专著。

第二节　定向越野的特点和价值

一、定向越野的特点

定向越野的特点是多方面的，主要体现在自然性和社会性两个方面。

（一）自然性

1. 运动性

定向运动顾名思义是一项运动，它与其他项目一样，是一种身体活动，是以人体运动的方式为主要特征进行的，故也称人体运动性特点。科学的人体运动形式，都具有特定的规律、规则与规范。

2. 智能性

定向运动是一项体能与智能相结合的运动。就智能而言，首先要有地理学、测绘学、军事地形学等相关知识，以及运用这些知识的能力。

3. 环境性

定向运动是在野外、森林、山区、公园、风景名胜区等环境里进行的，是一项跟自然环境紧密相连的运动，它使人类重归自然、认识自然，同时它教会人如何在大自然中把握自己的行为，爱护自然，遵守郊野公园守则。这是它与在体育场馆进行的各种运动项目的一个显著的区别。定向运动的活动与比赛场地环境的特殊性是决定这项运动更能够吸引人们参与的重要因素之一。

4. 情趣性

定向运动的环境，活动与比赛的方式方法，更能激发人们的情趣，发挥活动的趣味性，从而提高人们参与的主动性和积极性。

（二）社会性

1. 游戏性

定向运动的游戏性是非常明显的。从它发展初期——瑞典童子军的"寻宝游戏"开始，本身就是一种游戏，直至现代各式各样的定向比赛，仍然带有很大的游戏色彩。

2. 竞技性

定向运动可以进行各种类型的比赛，其竞技性特点十分突出。搞比赛就要讲规则、争名次、决胜负，其竞争的激烈程度是可想而知的。正是这种竞争的激烈性刺激着人们的向往、追求，直至积极参加训练比赛，甚至达到乐此不疲的程度。

3. 群众性

定向运动是一项群众性体育项目，它的参与对象是十分广泛的，不分男女老幼，都能成为这项运动的参加者和爱好者。据国外有关报道，参加定向比赛年龄最小者 8 岁，最长者 80 岁。因此可以这样说，定向运动是一项大众化的体育项目。

4. 实用性

定向运动的实用性同样也是十分明显的，在瑞典最早就是军队的一种训练形式。在现代，定向运动不仅可以作为军事训练的内容，还可以作为学校体育教学的内容，城乡社会的休闲旅游项目，在地域广阔、人口稀少的地区，还是人们日常生活中必须进行的实用练习。

二、定向越野的价值

定向运动是一项体能与智力相结合的运动，定向运动的价值主要有以下几方面。

（一）增强人体体质

定向运动对人体最突出、最直接的影响就是获得强身健体、增强体质的效果。

定向运动是在野外进行的，清新的空气，优美的环境，茂盛的森林，崎岖的道路，复杂的地形，给人带来新鲜感和神秘感。这种感觉会强烈地刺激人的大脑，从而提高大脑皮层的兴奋性，更有效地调动人体各器官系统（包括运动系统、心血管系统、呼吸系统以及内分泌系统等）的潜能。久而久之，由于人体对于这种刺激的适应性规律，就能不断地提高人体的工作能力。

如果你能经常参加定向运动，那你的身体一定会变得更加健康，你的走、跑、跳跃、越过障碍等能力，以及耐力、速度、力量、柔韧、灵敏等身体素质将会逐步提高，你对自然环境的适应能力和对疾病的抵抗能力将得到不断增强，从而达到增进健康、增强体质的目的。

（二）加强心理素质

定向运动通常是要求个人单独完成比赛（虽然有接力比赛，但也是个人完成一条规定的线路），在幽静的森林或是人来人往的校园中，必须排除各种干扰，综合分析目前所处的环境，迅速而正确地做出判断和选择。

经常参加定向运动，能提高人们在逆境下独立解决问题的能力，使心理素质得到加强。

（三）有助于知识面的增长

定向运动牵涉到地理学、自然知识、定向技能等。要参加定向运动，首先需要学会运用地理学的知识，读懂提供给你的地图，灵活地使用指北针，才能运用定向的技能在森林或公园、校园中进行定向；在野外进行定向运动时，要考虑到对动植物的保护。这些都对定向运动的参与者提出了更高的要求，因此我们必须熟练掌握各种野外生存的相关知识。

（四）培养道德意志品质

任何比赛，都必须严格遵守比赛的规程和规则，这对每一个人都是公平的。参加定向比赛时，参加者判定的方向和选择的行进路线以及对每一个点标的寻找，来不得半点的虚假和丝毫的投机取巧，成功与失败之间可谓泾渭分明，因此，只有发扬坚定、细致和诚实等品质才能完成任务并夺取胜利。当遇到困难，有时甚至是十分艰难的情况下，就要以十倍的信心和百倍的勇气去千方百计地克服。当体力不支感到难以支撑下去时，所能选择的唯一出路是咬紧牙关，坚定信念，不断地鼓励自己，使出全身的力量，玩命地拼搏，用不达到目的决不罢休的精神，坚持，坚持，再坚持，才能达到胜利的彼岸。发扬团队精神和集体力量，尊重同伴，相互鼓励、支持和帮助，团结协同作战，同样是不可缺少的精神和风格支柱。除此之外，定向运动还能培养在新的、陌生的环境下的竞争意识和适应能力，培养对新事物的追求、对事业的进取心、坚忍不拔的毅力、决不放弃和永不言败的精神。

（五）带给人娱乐的价值

置身于野外、山区、森林、公园、风景名胜等地方，人们首先获得的是一种回归大自然的感觉，顿觉豁然开朗，赏心悦目，心旷神怡。那起伏的山峦丘陵，成荫绿树，茵茵芳草，曲径流水，碧水清波，如同一幅美丽的画卷；那鸟语、蝉鸣、潺潺流水、呼啸松涛，仿佛是曲曲动人的自然交响曲；即使是绿树、芳草、土地发出的芳香，也会让人陶醉；那带着芳香的清新空气，是无价的大氧吧。这一切，怎能让人不向往和涉足其间。

定向运动的竞赛性、游戏性、情趣性和神秘性，能给人带来愉悦身心的良好效果。当人们在开始活动和比赛的那一刻，他们的身心一定会进入一种赛前状态，心跳加速，血压升高，呼吸加深，体温上升，心理处于渴望、兴奋、紧张激奋的状态；在进行中，当能精确判断方向，正确选择道路，顺利找到点标时，内心会感到一种成功的喜悦；当处于极度困难，但通过机智和敏捷，想方设法终于找到那设在无论如何也无法想象的地方的点标时，那种激动和喜悦的心情肯定是极其美妙的；当出现方向失误，甚至迷路，但通过冷静的思考，快速和科学地再判断，终于找到正确的方向和道路时，总能让人得到欣慰和激励；当通过全身心的努力把体能、智能、心理能力全部高效地发挥出来，克服重重困难，最后到达终点并取得胜利时，那种胜利者的成功和满足的感觉，激动和惊喜的心情，达到了无法用语言可以表达的程度。

总之，定向运动的娱乐价值是显著的，它可以愉悦人们的身心，丰富社会文化生活，有助于建立健康、欢乐、文明的生活方式。

第二章　体验定向越野

第一节　阅读定向地图

定向地图是从事定向运动的重要工具，它是建立在地形图基础之上的运动用图，它与一般地图相比，更加详尽地记录了地面的情况。它利用等高线表示山的形状和高度，利用各种颜色表示前进的难易程度、植物分布，利用各种符号表示地面的特征。

一张标准的定向运动地图上标有比例尺、等高线、磁北线、地貌、地物等各种符号，以及图例说明、检查点符号说明等内容。下面我们将对这些内容一一进行介绍。

一、定向地图上的比例尺

说到比例尺，大家都不应该陌生，这一概念我们在中学地理课上就已经接触过。因为地球的面积非常之大，我们不可能将其详尽地表示在一张纸上。同样，任何一张地图都不可能等值地将大地表面的现象表现在地图上，必须经过缩小才能绘制成地图。所以，比例尺实际上就是指地表现象的缩小程度。

定向地图中的比例尺通常指的是：地图上某一线段的长度与相应实地的水平距离之比。其算术表达式为：

地图比例尺=图上距离/实地距离=1/L

比例尺分式中分母越小，地图比例尺就越大，地图上描绘的内容就越详尽，分母越大，地图比例尺就越小，地图上描绘的内容就越简略。

比例尺越大，图上量测的精度就越高；比例尺越小，图上量测的精度就越低。

在地图上表示的比例尺一般有数字式、文字式和图解式。

数字式：是用阿拉伯数字表示，例如用 1：10000，或 1/10000。

文字式：是用文字注解的方式表示，例如"万分之一"。

图解式：是用图形加注记的形式表示的比例尺，例如图形上的直线比例尺。

定向地图上的比例尺，一般用数字式表示，个别地图除用数字式表示外，还绘有图解式比例尺。

数字比例尺的换算，以比例尺 1：10000 为例，比例尺 1：10000 是指陆地的实际面积在地图上被缩小了 10000 倍。在地图上的所有标记都比实际面积小 10000 倍。比例尺 1：10000 说明地图上的 1 毫米 = 实际地形的 10000 毫米（10 米）。

更简单的方法可以把比例尺的后三位数字"000"去掉，那么地图上的 1 毫米就相当于实际地形的 10 米。

量算实地距离是比例尺在定向越野中的主要作用。通过比例尺我们还可以了解到地图的精确程度。正如上面所说的，地图比例尺越大，地图上描绘的内容就越详尽，精度就越高；地图比例尺越小，地图上描绘的内容就越简略，精度就越低。这一特点，我们在从事这项运动时要牢牢记住，它将对你阅读地图、利用地图有很大的帮助。

二、定向地图上的符号

地图上的内容是用形状不同、大小不一、色彩有别的图形和文字组成的符号表示的，是地图与用图者对话的语言。它不仅具有确定客观事物的空间位置、分布特点以及数量、质量特征的基本功能，还具有相互联系和共同表达地理环境诸要素总体特征的特殊功能。因此，要想认识地图，首先要了解符号的特点和作用。

（一）面状符号

地面事物呈面状分布，当实际面积较大，按地图比例尺缩小后，仍能表示出其分布范围时，用面状符号表示。如大的湖泊、大片森林、沼泽等。这种符号能表示事物的分布位置、形状和大小，一般又把这种符号称为依比例符号。面状符号如下所示：

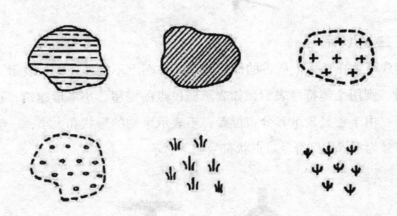

（二）线状符号

地面上呈带状或线状延伸的事物，按地图比例尺缩小后，长度可依比例表示，宽度不能依比例表示，在图上用线状符号表示，如道路、输电线、河流等。由于这种符号能表示事物的分布位置、长度和形状，但不能表示其宽度，一般又把这种符号称为半依比例符号。线状符号如下所示：

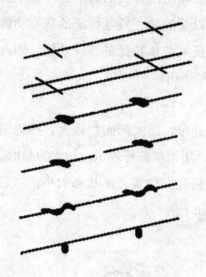

（三）点状符号

客观事物在地面上所占的面积较小，在图上不能按比例尺表示其分布范围时，则用个体符号表示，如表示居民点的房屋、小塔形建筑、石块、小树等。由于它只表示其分布位置，不表示事物的形状和大小，一般又称这种符号为不依比例符号。点状符号如下所示：

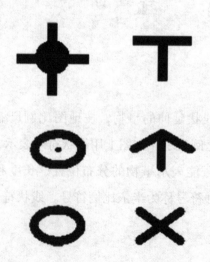

地图的内容是通过符号来表达的，因此符号应该具有下列特点：符号与实际事物的具体特征有联系，以便根据符号联想实际事物；符号之间有明显的差异，以便相互区别；同类事物的符号类似，以便分析各类事物总的分布情况，以及研究各类事物之间的相互联系；简单、美观、便于记忆、使用方便。

符号的上述特点是由符号的图形、大小和颜色表现出来的，因而图形、大小和颜色成为符号的三个基本要素。

符号的图形主要是表示地理事物性质上的差别。面状符号的图形，与事物的实际形状相似；线状符号的图形为不同形式的线划，如双线、单线、实线、虚线和点线等；个体符号的图形多为简单的几何图形和象形图形。

符号的图形具有图案化和系统化的特点。所谓图案化就是符号图形有些类似于事物本身的形状。图案化的图形既形象又简单、规则，因而便于根据符号图形联想实际事物的形态。符号图形系统化，是指各种符号图形具有内在的联系，通过图形的变化，可以把事物的量和质等特征表现出来。符号图形系统化表现为同类事物符号图形相类似。例如道路符号，一般分为铁路、公路及其他道路，分别以黑白相间的双线、双线、单线、虚线、点线表示其差异。

符号的大小主要反映事物的重要程度及数量差异。一般说来，重要的、数量多的，符号大些；反之，符号小些。为了完整而详细地表示出地形，同时又能保证定向地图的清晰易读，国际定联规定了定向地图符号的最小尺寸以及当它们相互靠近时的关系处理原则与最小间隔。符号的大小、线条的粗细、符号间最小距离的规定，都是以日光条件下的正常视力和当今的印刷技术水平为依据制定的。

符号的颜色主要表示事物的质量差异、数量差异和区分事物的重要程度。一般用不同色相表示质量差异，如用蓝色表示水系，绿色表示植物；用同一（或相邻）色相色调的深浅表示数量变化，如用深浅不同的绿色表示森林，颜色越深，表示森林越密，越不宜通过。

通常来讲，在定向地图上，白色表示容易通过的森林区；绿色代表浓密、不易通过的森林，绿色越深越难通过；棕色表示不同的海拔／等高线：高山、峡谷、低压带、山脊、凹地、小丘、深渊和主干道及坚硬的路面；黄色代表开阔地：田野、牧场或空旷区；蓝色象征任何有水的地方；黑色代表任何人造物体，如建筑物、围栏，还代表小路、小径、输电线和岩石、悬崖峭壁及大石头；黄绿色是私宅区域，禁入，如民宅、私家花园或草坪；红色／紫红色：表示南北线，地图上指北的粗线及路线。

三、等高线

在定向地图上，我们可以看到很多用棕色线条呈现的一圈套一圈的曲线图形，它就是等高线。定向地图就是利用等高线来表示山的形态及起伏状态的。通过等高线，我们不仅可以了解地面上各处的高差、地势起伏的特征，还可以根据地图上等高线的密度和图像，分析地貌特征，如山脉的走向、斜坡坡度和方向，了解哪里是山脊，哪里有谷坑、凹地等，而且还可以进行高程、面积、坡度等计算。

等高线是地面上高程相等的点所连成的闭合曲线。按"平截法"说，假设把一座山，从底到顶，按相同的高度，用一层一层的水平面横截该山，则山的表面与水平面有一交线，再将这些交线垂直投影到地平面上，呈现出一圈套一圈的曲线图形。因为每条线上各点的高度恒等，所以将这些曲线叫作等高线。另一种"淹迹法"说，即假设淹没小山的海水按一定间隔的高度间隙地退落，在每次间隙期内海浪击蚀山体都留下一圈闭合的水涯线痕迹，水迹线上各点的高程相等，即此线即为实地可见的等高线。这一层层闭合的水迹线正射投影到海水平面上，所得到的一组闭合曲线即为图面上的等高线。

地图上的每条等高线都是实地等高线的水平投影，它既描绘出地貌的水平轮廓，也表示出地貌的起伏。同时，在同一条等高线上的任何点的高度都相等，是条闭合的曲线。还有，在同一地图上，等高线多，山高；等高线少，山低；等高线稀，坡缓；等高线密，坡陡。在同一地图上，等高线间隔大，坡缓；间隔小，坡陡。图上等高线的弯曲形状与相应实地地貌相似。

在等高线中，还有个等高距的概念。等高距是各相邻两条等高线的高程差，常用 h 表示。它的大小在很大程度上决定地貌表示的详略。同一地形，等高距越小，等高线越密，地貌显示就越详尽；相反，等高距越大，等高线越稀，地貌显示就越简略。国际定联规定：定向越野地图的标准比例尺为 1∶1.5 万，等高距 5 米；在大面积的平缓地形上，其他地物也不多的情况下，也可以采用 2.5 万的等高距。

另有一种示坡线。示坡线是指顺着下坡方向绘制并与等高线垂直相交的小短线。它通常绘在等高线最有特征的弯曲上。如山顶鞍部或凹地底部。示坡线可以帮助你了解山的起伏，即哪里是上坡，哪里是下坡。一般顺着示坡线的方向为下坡，逆着示坡线的方向为上坡。

四、磁北线

定向地图上绘有的若干条相等距离的、平行的、北端带有箭头的红色线条，这就是磁北方向线。我们可以利用这条线确定地图的方位、标定地图、量测磁方位角、估算距离等。

地图的方位是上北下南、左西右东，磁北线所指的方向是地图的上方。

标定地图是将地图的方向与实地方向一致。利用磁北线标定地图是一项用图的技能。

磁方位角也是定向越野中的一个重要参数，在应用地图的过程中，往往需要从图上判定两点的相对位置。如果仅有两点之间的水平距离，而没有相互之间的方位关系，则两点间的相对位置显然无法确定。而且要确定两点之间的方位关系则必须规定起始方向，然后求出两点间的连线与起始方向之间的夹角，以此确定两点的相对位置。这就需要用方位角来表示，它是指从起始方向北端算起，顺时针至某方向线间的水平角，角值变化范围为 0 ~ 360 度，起始方向为真子午线，其方位角称为真方位角，起始方向为磁子午线，则其方位角称为磁方位角。在定向地图中都以磁北为起始方向，故所用的方位角均为磁方位角。

五、图例说明

图例说明是专业定向地图上的重要注记，它可帮助你理解地图所表示的事物。它采用的是国际语言符号，所有符号全球通用。

根据国际定向联合会《国际定向地图制图规范》（ISOM2000）将定向地图上的语言符号分为七个类别：

（一）地貌（用棕色表示）

表示地球表面高低起伏的各种形态，如山地、平地。这类符号还包括土坎（崖）、土墙、冲沟、小丘、小凹地、坑洼地等专门符号。

（二）岩石与石块（用黑色加灰色表示）

岩石与石块是地貌的特殊形式。它可以为读图和确定站立点提供参照物，还可以向运动员提供是危险还是可奔跑的通行情况。

（三）水体与湿地（用蓝色表示）

这类符号包括露天的明水系和特殊的水生植被。这类符号非常重要，它不仅能够表示对运动员通行的影响程度，还可以为读图和定点提供参照物。当水系植被的外周围着黑线时，表示该地物在通常气候条件下不能通过。

（四）植被（用空白或黄色加绿色表示）

植被的表示对运动员来说很重要，因为它能反映地面的通透性，直接影响运动员的视野和奔跑速度，也可以给运动员提供参照物。

（五）人工地物（用黑色表示）

它包括各种道路、村庄、建筑物等符号。道路为运动员奔跑时提供重要的信息，可以让运动员知道道路的宽度，它和其他地物符号一起帮助运动员读图和确定点位。

（六）技术符号（用黑色加蓝色加棕色表示）

技术性符号对所有地图都是很重要的内容。在定向地图上主要有磁北线、地图套版线、高程注记等。磁北线将在后面单独介绍。地图套版线是地图制版用的，运动员可利用它判断地图的质量。高程注记表示某个点的高程（海拔高），运动员可利用它计算参照物的高差。

（七）线路符号（用紫色表示）

比赛线路及其通行、障碍、危险等情况。

六、检查点说明

在定向地图的一侧，我们还可以看到一个以符号表的形式（有时也附有文字）出现的《检查点说明》，它是为了说明检查点点标设在地貌、地物的具体位置。是根据国际定联颁发的一套"明确的指示检查点特征物、检查点点标的位置与该特征物之间的相互关系"的符号和文字说明系统《检查点说明》（contory descriptions）设计的。在比赛中，根据这一说明系统，结合地图，可以帮助你迅速地找到检查点。一条完整线路的检查点说明符号表由表头、表身和表尾三部分组成。

七、读图的一般规则和注意事项

（一）读图的一般规则

要完整、正确地理解定向地图；要有选择地了解地图的内容；要对各种符号进行综合分析；要注意读图与记图的关系；要考虑现地的可能性变化。

（二）读图的注意事项

定向地图不是地面客观存在的机械反映，它是通过制图人采用综合、概括、夸大、取舍、移位等制图综合方法完成的。因此，图上物体的数量、形状、大小、精确位置等与实地并非总是完全一致的；在多种地物聚集的地方只表示了对定向运动有价值的地物标识，其他地物通常不表示或有重点地选择表示；山脊上、河岸边的细小凸凹，地图上不可能全部表示，仅表示出了它们的概略形状；公路、铁路等线状地物，其符号的宽度是夸大了的。地图比例尺越小夸大程度越高，这必然引起线状地物两旁其他符号的移位，因此这些符号的位置就不可能十分精确。

第二节　实地使用地图和指北针

地图和指北针是参加定向越野的主要工具，如何熟练而灵活地利用它，为快速寻找目标点服务，是定向越野中的重要环节。因此，在这里重点介绍定向地图和指北针在实地的利用，包括实地判定方位、标定地图、对照地图确定站立点的位置、判读地貌等内容。

一、判定方位

实地判定方位是指在实地辨明东、西、南、北方向。了解实地的方位是使用地图的前提，在野外，可帮助我们辨明方向的方法很多，如白天可利用太阳和手表来辨别方向，晚上可利用星体来辨别方向，还可以利用地物特征、建筑物、风向等来判定方位。

（一）利用指北针判定方位

方法：将指北针放平，待磁针完全静止后，磁针的红色一端即 N 端为北面，S 端为南面。如果测定方位的人面向北面则他的左为西，右为东，背后为南。

如果想测某一点的方位时，可将罗盘上的零刻度对准目标，当罗盘水平静止后，"N"端所指的刻度便是测量点至目标的方位，如磁针"N"端指向 36 度，则表示目标在测量位置的北偏东 36 度。

当然，在使用指北针时应该注意以下几点：尽量保持指北针水平放置；不要离铁、磁性物质太近；不要将磁针的 S 端与 N 端混淆，造成误判。

（二）利用地物判定方位

在野外，凡见到有地物和植物生长的地方，同样可以根据日常生活习惯和自然客观规律产生的现象进行方位判定。如我们居住的房屋或用于宗教活动的庙宇大门通常都朝南开设；树木一般朝南的一侧枝叶茂盛，色泽鲜艳树皮光滑，向北的一侧则相反；长在石头上的青苔喜阴湿，以北面为多旺；积雪的融化多是先融化朝南的一面；通常墙、土堆、土堤、地埂、石块、建筑物等突出物的南面干燥，春草早生，冬雪早化，而向北一侧的基部较潮湿，夏长青苔，冬存积雪，土坑、林中空地的特征正好相反。

（三）利用太阳和手表判定方位

在晴朗的天气，上午 9 时至下午 4 时之间，用时针对准太阳，此时手表上的时针与 12 时刻度夹角平分线所指的方向为南方，相反的方向为北方。但一是要注意将手表平置，二是在南、北纬 20 度 30 分之间地区的中午前后不宜使用，三是要把标准时间换算为当地时间。

二、标定地图

标定地图就是给地图定向，使地图的方位与现地的方位一致。通过标定地图，就可以将地图上的地物地貌符号与实地的地物地貌一一对应，这不仅可以帮助我们迅速地查看地图，了解实地地物的分布情况、地貌的起伏程度以及他们之间的相互关系，还可以帮助我们根据地图上的路线，在实地选择具体的运动路线。这一技能将贯穿整个运动过程。

（一）概略标定地图

地图上的方位是：上北、下南、左西、右东。当我们在现地正确地辨别了方向之后，只要将定向地图的上方对向现地的北方，地图即已标定。这种方法简便迅速，是定向比赛中最常用的方法。

（二）利用指北针标定地图

在上一节中我们介绍过，定向地图上标有磁北线，是用红色粗线条标出，尖头指向地图的上方。利用指北针标定地图时，通过转动地图，将指北针上的红色指针与磁北线的方向吻合或平行。由于指北针上的指针和地图上的磁北线都是红色的，所以也称此方法为"红对红"或"北对北"。

（三）利用地物标定地图

1. 利用直长地物标定地图

直长地物是指较长的线状地物，如铁路、公路、土垣、沟渠、高压线等。

方法：

（1）首先应在图上找到这段直长地物。

（2）转动地图，使图上的直长地物与现地的直长地物方向一致。

（3）对照两侧地形，使图与现地各地形点的关系位置相符。

如运动员利用路边的沟渠来标定地图时，可平移且转动地图，使图上的道路与实地的水渠概略重合。

2. 利用明显地形点标定地图

在实地找出一个与地图上地物符号相应的明显地物，如小桥、亭子、独立的建筑。

方法：

（1）选择一个图上与现地都有的明显的地物。

（2）转动地图，使图上的站立点至目标的连线与现地的站立点至目标的连线相重合。

三、对照地图确定站立点在地图上的位置

在野外，我们时刻要注意确定自己站立的地点在地图上的位置。这是从事定向运动首先必须掌握的一项基本技能。其主要方法是，通过标定地图，将地图与现有的地物、地貌进行逐一对照，来确定自己的方位。

（一）直接确定

当自己所处位置是在明显地形点上时，只要从图上找出该地形点，站立点即可确定。这是最常用的方法。

（二）利用位置关系确定

当站立点位于明显地形点附近时，可以利用位置关系来确定站立点。利用位置关系法确定站立点主要是依据两个要素，一是站立点至明显点的方向，二是站立点至明显点的距离。在地形起伏明显的地方，还可以结合高差情况进行判定。

（三）利用"交会法"确定

当站立点附近无明显地形点时，可以利用"交会法"确定站立点位置。按不同情况，它又可以具体分为90度法、截线法、连线法、后方交会法和磁方位角交会法。这些方法的优点是不需要判断或测量距离也能确定出较为准确的站立点位置，这对于初学者学习、巩固使用定向地图的训练是很有意义的。

四、判定地貌

等高线是目前世界上公认的、最好的地貌表示法，定向地图也不例外。我们通过地图上的等高线以及相关的注记，可以了解很多地貌的信息。例如：通过等高线可以了解山坡的陡缓；通过高程注记可以了解山体的高度；通过等高线图形还可以判断出地貌主要形态和典型特征。

（一）山的各部形态

地貌虽然千姿百态、千差万别，但它们都是由某些基本形态所组成的。

这些基本形态是山顶、凹地、山背、山谷、鞍部、山脊和斜面等。不管地貌多么复杂，均可将其分解成基本形态加以认识。

1. 山顶与凹地

比周围地面突高隆起的部分叫山。山的最高部位叫山顶。山顶依其形状可分为尖顶、圆顶和平顶三种。比周围地面凹陷，且经常无水的低地叫凹地。大面积的凹地称盆地。为了区别凹地与山顶，表示凹地的环圈都要加绘示坡线。示坡线是指示斜坡降落方向的棕色短线。

2. 山背与山谷

山背，是从山顶到山脚的凸起部分，很像动物的脊背。下雨时，雨水落在山背上向两边分流，所以最高凸起的棱线又叫分水线。山谷，是相邻山背、山脊之间的低凹部分。由于山谷是聚水的地方，所以最低凹入部分的底线叫合水线。

3. 鞍部

鞍部是相连两山顶间的凹下部分，其形如马鞍状。

4. 山脊

山脊是由数个山顶、山背、鞍部相连所形成的凸棱部分。山脊的最高棱线叫山脊线。

5. 山坡

山坡是山体的倾斜部分，近似一个斜面，外形可分为等齐坡、凸形坡、凹形坡和阶状坡。

6. 小丘

小丘是体积较小的、只能以一条等高线表示的小山包。

（二）地貌起伏的判断

1. 根据等高线图形的形状来判断山体的坡向

山背、山垄等地貌隆起部分的等高线图形，其突出部分总是朝着下坡；而山谷、凹地等图形相反，总是朝着上坡。等高线图形由疏变密为上坡，等高线图形由密变疏为下坡。

2. 根据等高线的示坡线来判断斜坡的坡向

顺示坡线方向为下坡，逆示坡线方向为上坡。

3. 根据等高线的注记来判断斜坡的坡向

朝字头方向为上坡，背着字头的方向为下坡。

（三）坡度和形态的判断

1. 坡度

根据等高线的疏密来判断山体斜坡的陡缓。地图上的等高线相距近表示陡坡，相距较远则表示缓坡。

2. 形态

根据等高线疏密的变化来判断山体斜坡的形态。匀坡的等高距相等，等高线疏密一致。凹坡的等高距自上而下由小到大，等高线上密下疏。凸坡的等高距自上而下由大到小；等高线上疏下密。复合坡是由以上三种典型斜坡组合而成的。这种斜坡由下而上先缓后陡，再缓又陡，其等高线则先疏后密，再疏又密。

（四）高程和高差的判定

根据高程注记和等高线来判定高程和高差，从而了解山体之间的高低关系。

1. 高程的判定

高程是地面上某点的海拔高度。判定高程的具体方法是：先查明地图的等高距，并在判定点附近找出高程点的注记或等高线的高程注记；根据判定点与高程点或有高程注记的等高线的关系位置，判断上、下坡方向，即高程增减方向；根据判定点与等高线位置关系，判定该点高程。如果判定点在等高线上，查出所在等高线的高程，即为该点高程；如果判定点在某两等高线之间时，应判明该点上下相邻等高线的高程，再按该点所在等高线间的部位进行估计。如判定点在两等高线之间约 1/2 处，它的高程就等于下面那条等高线的高程加上半个等高距，用此方法可以推算出两等高线之间约 1/3、1/5 或其他位置上任意点的高程。如果判定点在山顶时，先判定表示山顶的等高线的高程，然后加上余高。如果判定点在凹地里时，先判定凹地等高线的高程，然后再减去余高。

2. 高差判定

高差是指地面上某两个点的海拔高度之差。当两个点位于同一平面上时，只要数一下等高线的间隔数量（乘上等高距）并加上余高，就可以算出两点间的高差。当两个点不在同一个斜坡上，先要分别算出它们的高程，然后相减，就能算出它们的高差。

在参加定向运动的过程中，了解高程和高差不是我们的目的，我们应该学会利用这两个参数，了解山形的高低错落，了解山与山之间的高低关系，这对我们认识山体，进行定向、选择路线都会有很大的帮助。

第三节　定向越野的技能

掌握定向运动的基本技术是获得成功的金钥匙，是一个人定向运动能力的体现，这一技能的掌握，取决于运动员对地图的理解，对方向和距离的感知，对地形和地貌的认识，对地图和指北针的使用。

一、正确定向，快速行进

以最快的速度寻找目标点是参加定向越野比赛所追求的最终目标。要想获得成功，最重要的事情就是要正确定向，快速行进。在这过程中要认真地阅读地图，正确地使用指北针。永远不要失去与地图和指北针的联系。下面介绍利用指北针和地图定向、行进的技巧。

（一）沿磁方位角方向行进

磁方位角是指从某点的磁北方向线起，依顺时针方向到目标方向线间的水平夹角。利用指北针确定磁方位角，并沿磁方位角方向行进，便是我们确定目标点方向，快速到达目标点的捷径。

沿磁方位角行进的技术关键主要在于——你对自己跑过的距离的正确判断和行进方向的确立与保持。

目标 = 方向 + 距离

1. 确定行进方向

利用指北针确定行进方向，是一种最简易、最快速的方法，它特别适合初学者在特征物少、植被密度低、地形起伏不大的树林中使用。具体方法是：将指北针直尺边切于目标方向线，指北针上的方向箭头指向你所要到达的位置；把指北针和地图作为一个整体，水平放置在你面前，转动你的身体，使指北针上的红色指针的指向与地图所示的磁北线方向一致；指北针上方箭头所指的方向即为你所要前进的方向。

这里向你介绍拇指式指北针定向的方法。拇指式指北针如下图所示：

拇指式指北针是定向运动员广为喜爱的一款指北针。分左、右手佩戴两种款式，也是世界上许多国家队定向队员都喜爱的产品。该款指北针同其他款型指北针相比，其指针具有更强的快速定位、稳定和精确的功能；色彩鲜艳的指针清晰易辨，透明的针盘设计使读图更容易，针盘上的标志简单易懂，可调节式松紧拇指带与橡胶护垫使指北针在掌中更安全易拿。

2. 正确估算距离

确立了行进的方向，还必须结合在图上对目标点距离的判断和已跑过的实际距离的估算，才能快速而准确地到达目的地。

（1）利用比例尺换算图上距离和实际距离。利用比例尺换算图上距离和实地距离的方法，我们在介绍比例尺时已向大家介绍过，但在实际比赛中，临场进行换算就要耽误时间，因此，必须熟悉几种常用的长度单位与相应实地水平距离的对应关系。例如在比例尺为 1：10000 的地图上，1 毫米相当于 10 米，而在 1：15000 的地图上，1 毫米相当于 15 米，见下表。

基本长度/比例尺	1：10000	1：15000	1：5000
0.5mm	5m	7.5m	2.5m
1mm	10m	15m	5m
2mm	20m	30m	10m
5mm	50m	75m	25m
10mm	100m	150m	50m

从地图上量得的距离，无论是直线的还是曲线的，都是两点间的水平距离。但在实地，并不都是平坦的地形，在地形起伏较大的情况下，还必须根据地形起伏情况加上修正系数，见下表。

地形类别	修正系数（%）
平坦地（有微起伏）	10～15
丘陵地（比高100米以下）	15～20
一般山地（比高100至200米）	20～30

计算公式：实际距离 = 水平距离 + 水平距离 × 修正系数

（2）步测法计算已跑过的距离。步测法是根据自己步伐的大小计算距离。它是在实地估算距离的有效方法，但这一技能是需要经过反复训练才能掌握的。

复步测量法——两个单步为一复步，若你每个单步的步幅为 75 厘米，那么你一个复步的步幅就为 150 厘米。采用这种方法测量距离，关键要了解自己的单步步长。可是，不同的人，身高、腿长不同，其步长大小不同；跑步速度的快慢、柔韧性的好坏不同，表现出的步长大小也不同；即使同一个人，在不同的地形上跑，其步长也不尽相同。因此，最好通过平时的练习、测算，确定自己步长的大小。

测量步长的方法：选择一块地势起伏不大的树林，从地图上算出两点间的距离后，到现地练习，计算出你一个单位长度（如 50 米或 100 米）所跑的步数。在此基础上再到其他地形上去练习。算出相应单位长度上的步数。

如果你没有测量过自己的步长，可参考下表按常规慢跑测出的数据。

地形类别	每100米的步数（复步）
平坦道路	50
杂草空旷地	56
有稀少底层植被的树林	66
有不少底层植被的树林	83
上坡（视坡度）	100（以上）
下坡（视坡度）	35（以下）

有了自己单位距离所需的复步数之后，可以参考国外选手的办法，制作一个步幅尺，便于在比赛中快速换算复步数。现在市面上有一些已成为商品的步幅尺。它是透明即时贴形式的，使用时可直接贴在指北针直尺边上。尺头上排的数字是每100米的复步数（依地形及各人不同，从35至100多复步不等），下排数字是适用的地图比例尺。各刻度上的数字是在现地走完相应距离所需的复步数。

（3）目估法测算实际距离。目估法就是用眼睛估计、测算出距离。眼睛虽然不能测量出精确的距离数值，但是，只要经过勤学苦练，还是可以测得比较准确的。在高速奔跑中，这一技术很有实际作用。

方法：我们可以运用"物体的距离近，视觉清楚，物体的距离远，视觉就模糊"的规律对距离进行目测。在练习的阶段，需要特别留意观察、体会各种物体在不同距离上的清晰程度，观察得多了，印象深了，就可以根据所观察到的物体形态（清晰或模糊程度），大体上目测出它们的距离来。

若觉得根据目标的清晰程度判断距离误差太大，可以利用平时自己较熟悉的某些事物的距离，如靶距、球场距离等进行比较判断。还可以用50米、100米、200米、500米等基本距离，经过回忆比较后做出判断。如果要测的距离较长，可以分段比较，尔后推算全长。

值得注意的是：眼睛的分辨力常会受到天气、光线照射角度、物体自身颜色、观察的位置角度等条件的影响，目测的距离常常会因为这些因素而产生相当大的误差。

（二）按地图行进

按地图行进是定向越野的基本运动形式，也是一项最基本的技能。在奔跑途中，应首先了解前方要通过的方位物，边跑边对照地形。在经过每个岔路口、转弯点、居民地进出口时，应快捷准确地对照地形，随时了解自己在图上的位置。做到"随时标定地图，随时确定站立点在图上的位置，随时对照周围地形，随时保持清醒的头脑"。具体的行进方法是：

1.用拇指辅行法

在运动过程中，不断转动地图，使地图与现地方向一致，并且，手指压在站立点上。做到"人在地上走，指在图上移"。

2.沿地形地貌行进

这是初学者必须掌握的一项基本技术。线形地貌如河流、栅栏、小路、围墙等；明显地物如房屋、独立树、石碑以及高压线等都是很好的参照物，可以提供安全、快捷的路线。其方法是按所跑路线的顺序，分段、连续或一次性地记住前进方向上经过的地形点、两侧的特征物等内容，使现地的情景能够不断地与记忆内容"叠影"、印证，做到"人在地上跑，心在图上移"。

（1）借线法行进。利用线状地形，如道路、围栏、高压线等作为行进的"导引"。由于沿着线状地形行走犹如扶着楼梯的栏杆行走，因此，有人称此方法为"扶手法"。

（2）借点法行进。就是利用明显的地物地貌点来控制运动方向，当检查点附近有高大、明显的参照物时，可采用此方法。

（3）水平位移法行进。当站立点与检查点在同一高度上时，可沿等高线行进，但要确定站立点与检查点之间是否可通行。

（4）提前绕行法行进。在检查点之间有较大的障碍时，可提前选择最佳路线。

3.在行进过程中应注意几点

（1）在经过岔路口、道路转弯点、居民地进出口时，应对照地形。

（2）在遇到现地地形变化与地图不一致时，应仔细对照全貌，分析地形的变化和位置关系，然后准确地判定站立点的位置和行进方向。做到有疑不走，有矛盾不走，方向不明不走。

（3）当发现走错了路时，应立即对照地形。回忆所走过的路，判明从什么地方走错的，偏离原定路线有多远，再根据情况另选迂回路线或返回后继续前进。

4. 野外迷向的解决方法

在野外遇上天气不良，或由于自己的心理、身体状态出现故障时，迷路甚至迷向，找不出站立点位置是经常可能出现的。一个清醒的头脑和有系统的计划可以减轻你的焦虑，帮助你重新定位。如果你迷路了一定要注意：

（1）不能继续再跑，站在原地，用指北针确定好方向。

（2）观察地图并试着找到周围相应的地形。

（3）寻找周围是否有你可以确定的标志物，并试着在地图上找到相应的位置。

（4）如果找不到，努力回忆在此之前你能确定的地图上的位置，只要仔细研究地图，认真选择，就能确定好你的位置，重新开始你的行程。

（5）如果你仍然还在迷路中，就去寻找线形地貌。例如，田边、道路，或者附近可能有的溪流。找到一个点，顺着这条线直至找到别的标志物，这就更容易确定你的位置了。

（6）作为一名初学者，如果你实在无法坚持，完全可以问其他参赛者返回去的路线，但只有在真正必要时才这么做，因为这样会打断别人的思路。

二、捕捉检查点

捕捉检查点是参加定向越野比赛胜与败的一项关键性的技能。每一条比赛线路的设计，都会体现出不同的或交替出现的难题，有时考验你的体能，有时则考验你的技能。当你接近检查点时，应对检查点的实地准确位置做出分析和判断，并考虑采用何种方法去捕捉它。一般来说，常用的方法有定点攻击法、提前偏差法、距离定点法和地貌分析法等。

（一）定点攻击法

当检查点设在明显、较大的地物、地貌点上或附近时，可采用这种方法。

首先将这些明显的地貌、物貌设为攻击点，然后根据这一攻击点与检查点的相对方位、距离关系寻找检查点。

（二）提前偏差法

当检查点设在线状地物如大路、沟渠、河流的一侧时，可用此方法。首先根据地形条件，选择线状物为目标点，然后提前偏离检查点，跑到线状物上，再根据线状物与检查点位置的关系找到检查点。

（三）距离定点法

当检查点在地势较平坦、无路、植被较多，或检查点在细碎的地貌特征之中，可以采用此方法。首先要借助周围的地物、地貌特征作为攻击点，然后利用指北针瞄准目标点方向，结合步测、目测等方法测算距离，一步步地接近检查点。

（四）地貌分析法

在地貌有一定起伏的地域内，检查点设在低小地物附近时，采用此方法。采用这种方法时，首先根据地图上检查点与地貌的关系位置，分析出实地两者相对应的关系位置，再依据这种关系位置来寻找到检查点。

（五）注意事项

1.接近检查点之前，要在地图上分析、确定下一段最佳运动路线，并熟悉路线两侧的主要地形。

2.当发现一个检查点后，要核对该点标上的代号是否与检查点说明卡上注明的代号相符。

3.一次"捕捉"检查点不成功时，应再次确认站立点的位置，分析自己是否偏离了运动方向。若确认偏离了运动方向，离检查点有一定距离时，应按运动中迷失方向后的方法处理；若确认自己只是局部上的误判，应在明确站立点之后，再次"捕捉"检查点。

4.在运动速度上应注意，接近检查点之前速度要慢，便于在慢跑中校对检查点的实地具体位置，力争一次成功。

整个捕捉检查点动作过程应是：快接近检查点之前，要在地图上分析、确定下一段最佳运动路线，熟悉路线两侧地形；减慢速度，校对检查点的具体实地位置，并"捕捉"检查点，找到检查点之后，迅速作记，快速离开。

三、选择路线

定向地图上各检查点的连线是提供方位的直线，然而，沿这条方位直线一般是不可能直接到达的，必须依照地图上各种符号和色彩的提示，进行路线选择。不同的人，技术水平不同、体能状况不同，所选择的路线也不尽相同。

（一）选择路线的标准

1. 省体力。

2. 省时间。

3. 最稳妥。

4. 最能发挥自己的特长。

5. 尽量不失误或减少重大失误。

6. 顺利完成赛程并最终夺取胜利。

（二）选择路线的原则

1. 充分利用道路，坚持"有路不越野"。

2. 地形起伏不大，树林稀疏可跑的地段，坚持"选近不选远"。

3. 地形起伏较大，树林密集，障碍大的地段，坚持"统观全局，提前绕"。

4. 坚持"依线又依点"。

四、越野跑技术

掌握越野跑的技术也是决定定向越野成绩优劣的重要因素之一。要想在比赛中既能保持高速度、长距离的奔跑，又能避免一切可能发生的危险并取得好成绩，还需要掌握一定的越野跑技能。

（一）越野跑的特点

定向运动中的越野跑实际上是一种长距离的间歇跑。由于在途中常常需要停下来看图和辨别方向，在崎岖的道路上不可能始终保持均匀的跑速。所以，它总是表现出走、跑、停相交替的间歇跑的特点。在野外环境中，这种奔跑的形式，可以使身体肌肉的紧张与放松、身体的负荷与精神的专注不断交替进行。使参赛者的全身，特别是呼吸系统与心血管系统都得到较大的锻炼。也正因为这一特点，使得对定向运动中的越野跑技术要求不能等同于一般长跑的技术要求。

（二）越野跑的基本要求

1. 基本跑步姿势

上体保持正直或微向前倾，使身体各部分（包括头颈、躯干、臂、臀、腿、足等）的动作协调配合。善于利用跑步中产生的支撑反作用力和惯性，这一点尤其在山地和丘陵地带更为重要，时刻注意调整上体的姿势，使身体保持平稳，从而提高奔跑的速度。

2. 呼吸

最好利用鼻子与半张开的嘴共同呼吸。在野外，风大，尘土多，要学会用舌尖顶住上腭呼吸。呼吸时要保持自然、平稳、有节奏。当出现生理"极点"现象时，应及时调整呼吸的频率与深度。

3. 体力分配

可以按选择路段、比赛阶段、自身体能状况的不同确定体力分配。通过运动阶段（肌肉紧张）和休息阶段（肌肉放松）适时交替的方法，达到既快又节省体力的目的。

4. 行进速度

一般来讲越野跑的速度不宜过快。过快或在途中加速太猛不仅会影响体力的正常发挥，而且会严重地影响判断力。当地形有利（如参照物多，道路平坦）时，可适当加速。

5. 行进节奏

人感受的最适宜行进节奏是每分钟 79 ～ 90 步，即每步时值为 0.25 ～ 0.67 秒。过快的节奏不易感受，慢则会起抑制作用。有节奏的动作不仅能减少体能的消耗，而且能达到最适当的动作协调。

6. 距离感

在越野跑中保持一定的距离感是必要的。它不仅可以帮助提高找点的速度，也有利于体力的计划与分配。你可以通过测量自己的步长，或参考有关数据进行距离感的训练。

7. 间歇时采取的正确方式

一般来说，在间歇时采用放松性的慢跑比走好，走又比停下来好。没有特殊情况，不要坐。当然迷路、迷向时就另当别论了。

（三）不同地形越野跑的技术

越野跑时，由于跑的地点和环境在不断地变化，因此，跑的技术也要因条件的改变而随之变化。下面介绍几种在常见地形上的越野跑的技术。

1. 沿道路跑时，采用与中、长距离跑基本相同的技术，并尽量注意在路面平坦的地方跑，这时可采用加速奔跑。

2. 过草地时，用全脚掌着地，同时留心向前下方看，以便可以看清地面，免于陷入坑洼或碰在石头上。

3. 上坡时，上体应前倾，大腿高抬一些，并用前脚掌着地，小步跑上去。遇到较陡的斜坡，可改用走步的方法或用之字形跑（走）法。必要时可用单手或双手辅助攀登。

4. 下坡时，上体应稍后倾，并以全脚掌或脚跟着地的方法进行，遇到较陡的下坡或地面很滑的斜坡，可用侧脚掌着地，甚至采用蹲状并用手在体后牵拉（草、树）、撑（地）方式行进。到达下坡的末端（一般 8 ～ 10 米），可顺坡势疾跑至平地。

5. 从稍高的地方（1.50 米以下）往下跳时，可用跨步跳的动作：踏在高处的腿（支撑腿）必须弯曲并用力蹬地，另一腿则向前下方伸出，跳下，两脚着地并以深屈膝来缓和冲击的力量。同时，在落地时，两脚应稍微前后分开，以便继续前跑。从很高的地方往下跳时，应设法降低下跳的高差，根据情况采用屈膝深蹲或坐地双手撑跳下或侧身单手撑跳下的方法。特别要注意落地时两腿用力，膝深蹲。

6. 穿树林奔跑时，要注意不要被树枝、树叶、藤蔓等刮伤，特别要防止被树枝戳伤眼睛。此时一般都用一手或两手随时护住脸部。

7. 过障碍物遇到小的沟渠、土坑、矮的灌木丛或倒伏树木时，要增加跑速，大步跨跳而过；在落地的同时，上体稍向前倾，以便保护腰部和便于继续前跑。在通过较宽的（2.5～4 米）沟渠时，需用 15～25 米的加速跑，采用大跨步跳和跳远的方法越过。应注意做好落地动作，防止后倒。遇到大的倒伏树木、其他矮障碍物，可以用踏过它们的方法越过。遇到较高的障碍物（不超过 2 米），如矮围栏、土墙等，可用正面助跑蹲跳和一手或双手支撑的方法翻越。

8. 通过独木桥等狭窄悬空的障碍物时，应采取使脚掌外转成八字形的跑法。如果这类障碍物很长就不应跑，而应平稳地走过。

第三章　定向越野体能训练分析

第一节　体能训练介绍

一、体能的概念

"体能"是 20 世纪 80 年代中后期在我国各类体育报刊和文献上出现频率较多的一个词语，也是当前各项运动中使用频率很高的一个概念性词语。国际运动医学委员会在 1964 年东京奥运会期间就成立了"国际体能测试标准化委员会"，并制定了标准体能测试的六大内容（身体资源调查、运动经历调查、医学检查与测验、生理学测验、体格和身体组织测验、运动能力测验）。对此，拉森提出了构成体能的十大因素：防卫能力、肌力能力、肌爆发力、柔韧性、速度、敏捷性、协调性、平衡性、技巧性和心肺耐力。自 20 世纪 80 年代中期以来，我国在各竞技运动项目的训练中陆续开始强调"体能"训练，由此"体能"一词频繁出现在运动训练及运动训练学、运动生理学和各种体质研究的文献资料里，但它们所界定的含义并不完全一致。例如，在训练学中，体能是构成运动员竞技能力的一个组成部分，体能训练和技战术训练、心理训练与智力训练一起构成运动训练的整体。它能够提高运动员有机体的竞技能力，增进健康，改善身体形态，发展一般和专项运动素质，预防和治疗伤病等。由此看来，体能的含义包括身体能力、人体机能、身体素质和身体适应能力等。在运动生理学研究中，体能较多的是指身体功能、生理机能和运动能力，有氧和无氧能力都属于体能的范围；而在体质研究中，体能更多的是指身体素质和身体适应能力。由此看来，有关体能的概念和定义所描述的事物本质属性和外延的准确性问题，一直以来都为各方面的专家学者和训练学科理论界所关注。

1984年出版的《体育词典》和1993年出版的《现代汉语词典》（第3版）中均有"体能"这一词条，并对体能做出了相同的解释："体能"是指人体各器官系统的机能在体育活动中表现出来的能力，包括力量、速度、耐力、灵敏和柔韧等基本的身体素质与人体的基本活动能力（如走、跑、跳、投掷、攀登、爬越和支撑等）两部分。我国现行的《运动训练学》教材中，专家把体能视为运动员先天具有的遗传素质和后天训练形成的运动员在专项中表现出来的机体持续运动的能力。对其所给的定义为：运动员体能是指运动员机体的基本运动能力，是运动员竞技能力的重要组成部分。在广义上，体能包括形态、机能和素质三个方面的状况；而在狭义上，运动员的体能水平主要通过运动素质表现出来。运动员体能发展水平是由其身体形态、生理机能和运动素质的发展状况所决定的。其中，身体形态是指反映人体生长发育状况的各环节高度、围度、长度、宽度和充实度等外部形态特征与心脏大小、肌肉的横截面等内部形态特征；身体机能是指人体各内脏器官的机能状态；运动素质是指在运动过程中，有机体在中枢神经系统的控制支配下，通过肌肉活动表现出来的各种基本运动能力。

尽管"体能"一词内涵多样，有多种不同的理解和表达，但综合以上诸多对"体能"的定义，它至少阐明了以下要点：经过先天遗传和后天身体训练获得，包含各项运动素质，受外界环境影响。它是我国在体育科学实践中融合了古今中外的诸多概念与思想而形成的具有我国特色的东西。根据我国的体育科学实践来界定体能定义如下：体能是指有机体在先天遗传的基础上，通过后天训练而获得的在形态结构、功能和调节方面及其在物质能量的贮存与转移方面所拥有的潜在能力以及与外界环境相结合所表现出来的综合运动能力。其大小是由机体形态结构、系统器官的机能水平、能量物质的贮备与基础代谢水平及外界环境等条件决定的，运动素质是体能的主要外在表现形式，在运动时表现为力量、速度、耐力、柔韧和灵敏等各种运动能力。发展和提高体能的最主要手段是运动训练。

二、体能训练的概念

体能训练是运动训练的重要组成部分，是结合专项需要并通过合理负荷的动作练习，来改善运动员身体形态，提高运动员机体各器官系统的机能，充分发展运动素质，促进运动成绩提高的过程。它是技术训练和战术训练的基础，并对掌握专项技术、战术，承担大负荷的训练和激烈的比赛，促进运动员身体健康，防止伤病及延长运动寿命等具有极为重要的意义。

（一）体能训练与身体训练的区别

传统的身体训练主要偏重于对某一运动素质（速度、力量、耐力、柔韧）的追求，忽略了整体机能潜力和机体能力的提高以及拼搏向上的心理素质的培养。

身体训练以往注重某项运动素质的提高，对运动员的整体运动能力、对抗能力、适应大负荷与高强度的抗疲劳能力，以及顽强拼搏的心理品质没有给予应有的重视。这导致我国各类运动员的体能长期处于较低的水平。

运动素质是机体能力在某一基本运动能力方面的具体表现，例如力量、速度能力等，既是体能的构成因素，也是运动实践中评价和检查体能水平的常用指标。换句话说，运动素质是体能水平的外在表现形式，体能是运动素质的内在决定因素。运动素质水平取决于人体器官和系统的机能能力水平。因此，体能与运动素质有密切的联系，体能训练与身体训练有密切的联系。

体能训练要求把运动素质训练纳入到运动员整体运动能力提高的高度去结合考虑和认识，它把运动素质训练作为人体生物学机能发展和机能适应训练的一部分。通常，身体训练以单一的运动素质提高为目标任务，而体能训练则从人体整体工作能力、人体机能潜力提升的角度研究和提高运动能力。也就是说，体能训练是人体器官和机能系统在结构和机能能力上的适应性再塑造工作，是运动员心理意志品质的再塑造工作。

（二）体能训练的内容

体能训练涉及身体形态、身体机能、运动素质、健康等诸因素。身体形态指人体的内外部形状。身体机能是指机体各器官系统的功能，是身体活动能力的基础。运动素质是机体在中枢神经系统的控制下，在运动时所表现出来的各种基本运动能力，通常包括力量、速度、耐力、柔韧度、灵敏度等。此外，健康（指人在身体、心理及社会适应方面的良好状态）的身体是运动员参加训练活动的必要条件。

构成体能的身体形态、机能、素质三个因素都有相对独立的作用，又密切联系，彼此制约，相互影响，其中每一个因素的水平都会影响到体能的整体水平。三个构成因素都是运动素质体能的外在表现，所以运动训练中多以发展各种运动素质作为体能训练的基本内容。

（三）体能训练的分类

体能训练的基本内容是充分发展与运动员专项运动成绩密切相关的力量、速度、耐力、柔韧度、灵敏度等运动素质，从而深刻影响和促进运动员身体形态和机能的改善，提高运动员的健康水平，为专项运动成绩和技术水平的不断发展奠定良好的基础。体能训练包括一般体能训练和专项体能训练。

一般体能训练是指为增进运动员的身体健康，提高各器官系统机能，全面发展运动素质，改善身体形态，采用多种非专项的体能练习手段掌握非专项的运动技术、技能和知识，为专项成绩提高打好基础的训练。

专项体能训练是指采用直接提高专项素质的练习以及与专项有紧密联系的专门性体能练习，最大限度地发展对专项成绩有直接关系的专项运动素质，以保证掌握专项技术和战术并在比赛中顺利有效地运用，从而创造优异成绩的训练。

一般体能训练和专项体能训练的主要联系在于：一般体能训练是专项体能训练的基础，一般体能训练为专项运动素质的提高创造必要的条件；专项体能训练则是提高专项运动成绩的特殊需要，并直接为创造优异的专项运动成绩服务。随着专项水平的不断提高，一般体能训练所提供的基础及专项体能训练的要求也要随之改变，以适应专项运动成绩提高后的要求。一般体能训练和专项体能训练的总目标是一致的，在训练实践中往往难以分开。

（四）形态、机能、素质三者之间的关系

身体形态、机能、素质的许多指标在很大程度上取决于先天的遗传因素，在后天的自然生长发育过程中，这些指标随着年龄增长而产生变化。对一般人来说，身体形态和身体机能只要具备正常的功能就可以适应日常环境和正常生活活动。但是对于运动员来说，由于他们必须要在运动训练和比赛的特定环境里，在承担超常的运动负荷和极度紧张的心理状态下进行活动，因此，仅仅使身体形态、身体机能和运动素质维持在一般的水平上是远远不够的，而必须在机体正常的生理范围内挖掘其最大潜力，乃至达到生理"极限"水平。由于现代运动成绩已达到极高水平，要创造优异成绩就必须使身体具有适应创造这种高水平成绩的基础。因此，体能训练就要在遗传和人体自然生长发育的基础上，对有机体中的可变异部分给予影响，使之提高，以符合创造高水平成绩的需要。鉴于上述原因，体能训练的根本任务就是要在运动训练中运用各种有效的方法和手段，使运动员各器官系统机能水平和身体形态得到全面提高，运动素质得到全面发展，掌握大

量运动技术和技能，从而为专项运动素质的充分发展，以及掌握、改进、提高专项运动技术和专项成绩创造条件。

第二节　关于定向越野体能训练的研究

一、国内的研究

定向运动在我国还属于新兴体育项目，在很多专业体育院校或综合类高校的体育院、系、部中还没有得到普及，在学校课程教学体系当中没有系统的定向运动教材或文献资料供教学使用。目前定向运动大部分的专业知识一般都是在各种短期学习班或是培训班中获得。当前我国对定向运动的科研水平还比较薄弱，与定向运动在国内的蓬勃发展十分不协调，总的科研水平还处于相对落后的阶段。

（一）定向运动供能特点

我国关于定向运动供能特点的研究，余玲曾撰《大学生定向运动的研究现状》一文，文中指出：在定向比赛中运动员的最大摄氧量接近90%，其血乳酸水平在大多数时段都大于或等于无氧阈水平。因此在整个比赛过程中，运动员必须要在较长时间内进行无氧工作。根据对瑞典国家队的研究表明，优秀定向运动员都具有很高的最大乳酸水平、最大吸氧量和最大负荷运动时的乳酸水平。男子运动员平均为12毫摩尔/升（10.0～17.0毫摩尔/升），女子运动员平均为12毫摩尔/升（8.4～14.0毫摩尔/升），这表明他们具有很强的耐乳酸的能力。

丁秀诗、彭光辉在《定向越野运动对女大学生心肺功能及有氧耐力的影响》一文中指出：基础状态下，运动员表现出心率降低且心脏每搏输出量增加，是心脏功能指标提高的一个重要指标。通过对照试验发现，同一负荷运动情况下，定向组队员恢复期心率明显比对照组低，说明长期进行定向运动训练可使队员安静心率降低，进一步表明有氧训练能够提高每搏心输出量来替代心率降低，进而增加心率储备。

林炜鹏、欧剑在《我国定向越野比赛的供能方式表现特征分析》中认为：短距离定向运动中，主要是体现出运动员的无氧耐力的能力，其供能方式主要以磷酸原供能和糖酵解供能；中距离定向越野比赛中，其供能方式主要以无氧运动中的糖酵解和有氧耐力供给能量为主，辅助以有氧供能和磷酸原系统供能；长距离定向越野比赛中，其供能方式以有氧供能和无氧供能以及磷酸原混合供能为主。

陈雷在《定向越野训练对普通高校大学生身体机能的影响研究》中指出：定向运动是一项中等强度的以有氧耐力为主要供能的长距离越野项目，运动员耐力水平的提高在于体能训练的负荷强度以及运动持续时间的长短等因素的影响。一般情况下长时间中低强度的长期训练，运动员的有氧耐力水平就可以得到一定的提升。而且运动员经过长时间系统的训练心肺机能也得到了很好的改善。

（二）定向运动体能训练

何晓知在《定向越野运动的体能训练》中认为：定向运动的专项耐力不同于中长跑运动员在整个跑程中保持始终如一的高速跑。它一般有短距离、中距离、长距离的比赛，各种距离的比赛线路的间距和检查点数量各不相同，在检查点急停打卡后又需要急速加速跑，这就要求运动员具有高速跑一段距离停下，三秒左右，接着快速跑的能力。训练中可采用在校园内规定路线足够 500 ~ 800 米后急停再跑，4 次为一组，训练强度掌握在80% ~ 90%。安排具体的素质训练时，应侧重以有氧为主的力量耐力、速度耐力的训练方法、手段的组合，使体能训练的发展符合专项特点的要求。

尹红松在《定向越野训练方法与手段》中认为：在定向越野的体能训练中应培养运动员持续跑的能力，持续跑时间大约在 2 ~ 4 小时之间。如果一名队员在田径场上跑完 3000 米用 10 分钟，在野外必须应付突变路况，看图思考定向，需要花 20 分钟完成野外的 3000 米跑。如果方向判断错误，还需要更多的时间。因此，首先在训练时必须提高长时间的奔跑能力以适应比赛需要；其次，应培养变速跑的能力，在定向越野比赛中运动员需要多次运用变速跑来捕捉点标，摆脱对手、跨越各种地形，因此在训练中要特别注意变速跑能力的提高。

贾萍、王健等在《浅谈定向越野运动员的体能与技能训练》中指出：定向运动中的定向越野跑是一种长距离的间歇式奔跑，运动员在比赛中实际奔跑距离远远超过比赛设定的距离，同时在自然地理条件下的奔跑技术难度大，对运动员的心血管系统、呼吸系统要求更高。

朱晓云在《对我国高校定向越野运动员专项体能训练的研究》中认为：高校定向越野运动员的专项耐力训练一般采用 2 ～ 4 千米的距离重复训练，要尽量在野外地形下进行。耐力素质训练主要采用越野跑、耐力性变速跑、法特莱克跑、长时间长距离持续跑等方法。高校定向越野运动员的专项速度耐力训练一般采用长时间重复训练，同时增加大脑思维活动的练习的方法。定向越野比赛中存在各种障碍性地物的特点，除了要加强力量耐力的训练，同时也要注重快速力量的训练，提高通过障碍物的能力。灵敏素质的训练要有针对性，对比赛中常用的技术动作进行反复练习，从而预防各种运动损伤，提高运动员的协调性与灵活性。

胡娟娟在《定向越野运动员专项体能训练方法特征的研究》中指出：定向越野专项体能训练方法与田径中长跑体能训练具有一定的趋同性，如基本素质都是以耐力型训练为主，定向越野前期训练可以用田径中长跑训练的方法进行，但完全按照田径中的中长跑运动员训练的方法，是无法培养出优秀定向越野运动员的。在体能训练的过程中，还可以加入读图、识图的要求，在奔跑中要求运动员对地图进行必要分析，奔跑后给教练员讲解对地图的基本认识。这样运动员就必须根据实际遇到的情况采取相应的对策，与比赛的实际情况越发接近，让运动员更好地适应比赛。

二、国外的研究

定向运动在国外有着较长的开展和比赛历史，而且在欧洲的部分国家定向运动已成为中小学生的必修课程。在对定向越野运动的体能研究中，鲁伊斯指出在体能训练中有氧训练应该是定向运动体能训练最重要的部分，应用 77% 的时间进行有氧耐力的训练，另外腿部力量的训练也不能忽视，因为在比赛中由于地形多变，在比赛中需要经常改变跑速，而且要求在不同的地貌保持较快的速度，需要运动员不断克服地表的阻力，比如上下坡、沟渠等。

实验证明，运动员在进行力量训练之后越野跑的体能得到了很明显的改善。定向运动运动员在跑的过程中大脑要不断地检验、修正自己前进的路线和方向，仔细观察地形特征，寻找有用线索做出判断，这一系列的认知过程都影响着运动员行进的速度和节奏，由此可见，定向运动员的体能训练与一般径赛项目的体能训练是截然不同的。

格林和雷的研究认为，定向运动属于耐力性项目，可以通过心率和乳酸值来反映运动强度，且从心率数据表明定向运动很大程度上属于有氧耐力性运动。但由于比赛场地的复杂性，整个比赛过程中运动强度不断发生变化，很多阶段运动员身体处于无氧工作状态。因此，无氧代谢过程也是定向运动的一个重要特征。所以在训练中要注意有氧和无氧两个方面的训练。

穆科认为，从心理学角度研究定向运动非常重要，运动员读图、做出选择、仔细对照地形和保持与地图的联系等都涉及其认知能力。因此提出信息加工模式，运动员在外界环境中通过感知觉获取空间环境信息，对这些信息进行选择、存储和加工，然后根据所获得的信息做出判断，从而在技术训练中依据该模式进行心理训练。

1969 年瑞典大学专门从事体育运动研究的中心对优秀运动员的定向技能做了调查研究，发现不同组别的定向运动员对定向技能的应用时间上存在很大差别：优秀运动员于解决技术性问题仅占定向比赛总时间的 7%，包括分析地图、选择路线、测实地距离、分析检查点说明表等。相反低水平的运动员解决技术问题所需要的时间占总时间的 30%，这说明在提高体能水平的同时应进一步加强技能训练，这对提高定向运动成绩是十分必要的。

综上所述，体能训练是运动训练基础理论研究的热点，且定向运动的专项体能训练理论具有很大的研究价值和意义。

第三节　定向越野体能特征分析

目前国内外对体能的概念尚未统一，一般认为，体能是以人体三大供能系统的能量代谢活动为基础，通过骨骼肌系统表现出来的运动能力。体能包括身体素质、形态、机能等。三个要素均有各自相对独立的作用，又密切联系，彼此制约，相互影响，其中一种因素的水平都会影响到体能整体的水平。其中，形态、机能的变化是体能能力变化的物质基础，运动素质是体能的外在表现，在运动训练中多以发展各种运动素质为体能训练的基本内容。

一、定向越野的体能构成

从定向运动定义可以看出，定向越野的运动成绩主要是由运动员完成比赛任务耗费的时间来决定的。竞速是定向越野目前常见的四类不同距离项目的共同特征。而从不同项目的距离上分析（短距离所用时间 12 ~ 15 分钟；中距离赛 30 ~ 35 分钟；长距离赛 90 ~ 100 分钟；接力赛赛段 30 ~ 60 分钟；

总时间男：135分钟，女：120分钟），其能量代谢特点是有氧代谢、糖酵解和磷酸源三种供能系统兼有的混合代谢，代谢类型随项目距离的增加，逐渐从无氧代谢为主的混合代谢过程向以有氧代谢为主的混合代谢过程过渡。因此，从体能角度分析，定向运动是以一种长距离间歇式变速跑的形式进行的耐力性项目。

（一）定向越野运动员形态特征

身体形态是指人体外部与内部的形态特征。环境（自然地理环境）、遗传以及训练等因素对形态有很大影响。根据定向越野的项目特点，在比赛中要求运动员必须克服自身体重、介质（空气、水等）阻力以及人与物体（山地、冰雪、公路等）接触面的摩擦力而向前方位移。因此，要求运动员有相对较轻的体重。体重和体脂水平均较低，身材适中匀称，肌肉强健，下肢较长，小腿相对较长，骨盆较窄，臀部肌肉紧缩并上翘，膝关节和踝关节围度较小，足弓较大，跟腱明显等。

（二）定向越野运动员身体机能特征

身体机能是指运动员有机体各器官系统的功能，是身体活动的基础。任何一项运动能力都是由若干个器官系统的机能所决定的，人体是一个完整的系统，各器官系统功能都是相互制约、相互影响的。

首先，长距离项目要求良好的内脏器官功能，在运动过程中呼吸、循环等系统机能处于相对稳定状态，但兴奋和抑制过程转换频繁，强度很大，因而要求中枢神经系统具有较高的机能协调稳定性。

其次，对能量供应系统要求高，包括专项所需要的能量储备和运动中能量的控制和利用。其能量代谢特点是有氧代谢、糖酵解和磷酸源三种供能系统兼有的混合代谢。各距离项目的运动全程需要以无氧和有氧混合供能为主的大量能源供应。

最后，定向越野运动时间长，要求运动员多次重复单一动作，机体负荷量大。体内各种能源物质消耗比较多，因此比赛后疲劳比较明显，恢复时间长。

（三）定向越野运动员素质

运动素质是指机体在活动时所表现出来的各种基本运动能力，通常包括力量、速度、耐力、柔韧和灵敏等。是在神经系统支配下所实现的不同形式的肌肉活动。是人体各器官系统的功能在肌肉工作中的综合反映。根据定向越野项目的特点，运动员跑动过程中的经济性、战术能力、冲刺时的最大速度是影响运动员在不同距离项目上成功与否的共同因素。耐力水平，尤其是专项耐力水平是影响定向越野运动员体能的最重要的因素。

二、定向越野的体能训练内容

依据定向越野项目的特点及竞技需要分析认为，定向越野体能训练的主要内容是：以专项耐力为核心，以糖酵解供能或有氧氧化供能混合代谢供能为主要的代谢能力，运动器官尤其是运动员下肢肌肉、韧带、软组织、关节，以及意志品质的训练等方面。

运动训练方法的选择是依据项目特征、训练的基本规律与原则以及运动员的特点而进行选择。定向越野运动员在比赛过程中是在地形复杂的山地中进行越野跑。要求运动员不断克服地表阻力，如斜坡、障碍物等。可见，间歇性地在自然环境中的奔跑能力是定向越野运动员体能训练的关键所在。一般运用以下几种方法。

（一）间歇训练法

是指对动作结构和负荷强度、间歇时间提出严格的要求，以使机体处于不完全恢复状态下，反复进行练习的训练方法。其优点在于有针对性地提高有机体各机能系统的能力：培养特殊的耐力和速度耐力；形式多样，比持续训练法完成的训练量大，可保证训练总负荷达一定值。其不足表现在：可以提高心脏代谢能力，但不稳定；长期使用对运动员有机体产生一定的有害作用，首先是对心脏、神经系统；容易产生心理紧张。

（二）法特莱克训练法

法特莱克（fartlek）训练起源于 20 世纪 30 年代，由瑞典教练古斯塔·霍迈尔创立，在瑞典语中 fart 是指速度，lek 代表游戏，加起来的意思就是速度游戏，创造它的初衷是为了摆脱枯燥的日常训练，提供一种特殊的间歇训练形式。但实际上，法特莱克训练与间歇训练区别很大，间歇训练规定了跑步的距离，特定地完成和休息时间，而法特莱克训练通常只是给运动员一个特定的距离指标，比如说完成一个 10 公里跑，只要运动员能满足该指标，怎么跑，如何选择路线和安排体力，完成的时间，都由运动员的感觉来定。

法特莱克的实质就是在跑中插入一系列不定时间、不定距离的加速跑、反复跑甚至快速冲刺，使它们和慢跑或走步交替进行，运动员可以根据自己的感觉决定加速和放松的时间和距离。法特莱克对训练场地的要求比较随意，主要选择在空气新鲜的地方，如郊区、公园、树林、山地都可以进行。

法特莱克训练以同时强调有氧和无氧能量代谢而闻名，它允许任意变化速度，在运动过程中的恢复完全由个体主观感觉来决定，而不是由客观的数据，比如心率等来决定。它不像间歇训练那样严格和精确，能够让练习者享受整个训练过程，从而进一步排除了过度训练的可能性。在法特莱克训练体系形成阶段，造就了打破 800 米、1500 米、1 英里、2 英里等世界纪录的 G·黑格、A·安德森等著名选手，对中长跑的成绩大幅度提高起到了促进作用。随着时间的推移，法特莱克很快变成了一种受大众欢迎的练习方式，它能够激发跑步者的兴趣和动机，有效地调节跑步者的情绪和心情，提高他们的运动积极性。

从本质上讲，法特莱克训练的特点是利用自然环境以及游玩心态使运动员放松。比较典型的是提高速度，直到到达某棵树、交叉路口或者田地的另一边时降低速度；当你感到已经放松身体与心态的时候，再提高跑步速度。这种跑步的好处是：在军事训练或耐力比赛中，当有追赶竞争对手的机会时，能够为身体能量做储备。从本质上讲，就好像让自己的身体从第五档降到第四档、第三档，并且在加速时提供身体上的能量储备。当你跑步或者步行时，以十分钟时间作为一段运动间隔，在最后两分钟里奋力将速度加快。这种冲刺的效果会推动你身体的新陈代谢功能。

法特莱克训练的特点符合定向越野的比赛形式。其优点：在自然环境中训练运动员基础耐力并同时适应比赛形式，利于专项耐力、力量耐力及速度分配技巧。同时对运动员在自然环境中体力分配、肌肉放松以及协调灵敏能力有提高。其不足是：教练员或教师对训练量和强度的控制有一定难度。

（三）循环训练法

是指根据训练的具体任务，将若干练习手段设置为相应的若干个练习站（点），运动员按照既定顺序和路线，依次完成每站（点）练习任务的训练方法。运用循环训练法可有效激发训练情绪，累积负荷"痕迹"，交替刺激不同体位。可有效地提高不同层次和水平的运动员的训练情绪和积极性；根据具体情况因人制宜地加以调整，做到区别对待；防止局部负担过重，延缓疲劳的产生，并有利于全面身体训练。有效地提高运动员糖酵解系统及其与有氧代谢系统混合供能条件下速度耐力及力量耐力的提高。

三、定向越野体能训练的原则

（一）训练前进行诊断

运动员开始训练课之前，必须先找医生做一下身体检查，对自己开始状况有个基本的了解，以便更科学地安排训练的时间和负荷。

（二）计划性和系统性原则

为了提高运动员的体能水平，必须按计划系统地进行全年和多年体能训练。体能能力和运动素质是在长期的重复练习中逐渐发展和提高的。现代运动训练的一个突出特点是越来越重视多年训练的计划性和系统性，并以年周期训练为基本结构，合理安排各阶段的训练任务、训练内容和运动负荷。体能训练要贯彻年训练周期的始终，因为不是年复一年的简单重复，这样只能使机体能力停留在原有的水平上。因此，要不断地改变训练手段和提高训练负荷的量和强度，形成一年比一年提高的系统训练规划。

（三）适时恢复原则

从运动训练学上讲，适时恢复的原则即是及时消除运动员在训练中所产生的疲劳，并通过生物适应过程产生超量恢复，从而提高肌体能力的训练原则。在具体的实施过程中，准确地判断疲劳程度是适时恢复的重要前提。运动员疲劳程度的判别，通常可根据自我感觉和外部观察来判定。当疲劳出现时，应积极采取加速肌体恢复的适宜措施，比如变换训练内容和训练环境，还可以运用一些医学和营养学的恢复手段，从而起到最佳的恢复效果。

四、定向越野体能训练的价值

（一）充分发展运动素质

要在定向越野运动中充分发展人体运动能力的潜力，创造优异成绩，就必须最大限度地发展和提高力量、速度、耐力、柔韧、灵敏和协调能力等运动素质，而体能训练正是实现这一目标的主要途径。通过体能训练，运动员能够有效地发展其力量水平，提高速度和耐力素质，并使运动专项所需的柔韧性得到良好发展，获得更好的灵敏素质和协调能力，使专项运动素质得到最大限度的提高，一般运动素质得到协调一致的发展，为最大限度地创造优异的专项成绩打下坚实基础。

（二）保证有机体适应大负荷训练的需要

定向越野运动竞争激烈，运动员要在重大比赛中夺取胜利，创造优异成绩，只有通过大负荷的运动训练，长期对有机体进行生物学改造，掌握娴熟的专项技术、战术才能达到。从第一届奥运会到现在，运动训练已经经过了自然发展阶段、新技术广泛应用阶段、大运动量阶段和多学科结合利用（即科学训练）阶段。科学训练阶段的一个重要特点是广泛运用现代科技成果于运动训练，科学、系统地监测训练过程，并在此基础上保证大负荷训练。而大负荷训练要求运动员必须具有强健的体魄和良好的身体机能能力。通过体能训练能够为此打下坚实的基础，并使运动员在不断加大负荷的情况下，承担训练和比赛对有机体的一切要求。从生物学的角度来看，训练就是对运动员有机体施加负荷刺激进行生物学改造的过程。负荷刺激的结果是使有机体产生适应性变化，导致有机体各器官系统机能能力的改善，从而使运动员的体能水平得到提高。生理学研究指出，一定范围内负荷越大，刺激越深，体能提高也越快。当一个时期的负荷量达到一定高度时，需要提高负荷强度来提高专项水平；当负荷强度达到有机体最大承受能力时，又需要在负荷量上有所突破，才能使整体训练水平跃上新台阶，出现螺旋上升态势。竞技运动的发展史证明，运动负荷和体能训练是其发展的根本动力。

（三）有利于掌握复杂、先进的技术

体能训练实际上是使运动员有机体各器官系统功能协调发展，具有完备的从事专项竞技运动能力的过程。

第四节　定向越野体能训练项目

一、耐力素质

耐力素质是决定定向越野练习者竞技能力高低的主导素质，对练习者总体竞技水平有着决定性的影响，耐力素质的好坏对比赛结果也有着重大影响。

（一）发展有氧工作能力的训练

有氧代谢供能是指在有氧条件下能源物质氧化分解，生成二氧化碳和水同时释放能量的供能过程。乳酸阈（个体乳酸阈）反映机体内的代谢方式由有氧代谢为主过渡到无氧代谢为主的临界点或转折点。普遍认为其更能客观、准确地反映机体有氧工作能力高低。因此，个体乳酸阈训练是提高极限下强度运动能力的最佳手段。

1. 持续训练法

具有两种典型的练习形式，即匀速持续训练和变速持续训练。特点是平均强度不大，负荷时间相对更长，以有氧代谢系统供能为主。持续时间至少应为 30 分钟以上，心率每分 160 次左右。是运动员训练过程中广泛用于发展耐力素质的训练方法。

2. 乳酸阈训练

对跑者而言，要测试自己身体的这道门槛，乳酸阈值就是一项绝佳的指标，因为当跑者遇到这个阶段，身体乳酸开始急速堆积，同时换气量大增，造成体内的恒定状态遭到破坏，致使跑者会感到十分吃力，疲劳感因此倍增。

人体在运动过程中，随着能量的代谢，会释放大量的丙酮酸，从而形成乳酸。在一般情况下，身体会有排除乳酸的机制，来代谢乳酸。

但随着运动激烈程度到某个门槛时，乳酸的生成率会远大于排除量，造成大量的乳酸堆积，进而让跑者产生疲劳感，这就是乳酸阈值。跑者可以根据自己的乳酸阈值水平，来设定高强度的训练计划，这就是乳酸阈值跑。

目前认为运动员最大无氧耐受乳酸浓度为 12 毫摩尔／升，因此，4 毫摩尔／升血乳酸浓度刺激不是高强度，而是提高有氧代谢的适宜强度，以此强度训练，可使运动员在长时间内进行练习，从而提高氧代谢供能能力。目前，在周期耐力项目的实践中，已广泛采用。有氧能力提高的标志之一是个体乳酸阈提高。由于个体乳酸阈的可训练性较大，有氧耐力提高后其训练强度应根据新的个体乳酸阈强度来确定。在具体应用乳酸阈指导训练时，常采用乳酸阈心率来控制运动强度。

（二）发展无氧工作能力的训练

专项耐力是运动员有机体为了获取专项成绩而最大限度动员机能能力克服专项负荷所产生的疲劳的能力。定向越野项目的专项耐力特点是用尽可能高的跑步速度通过全程。主要采用接近专项的运动距离以及运动强度安排练习内容。主要方法是：间歇训练法、重复训练法等。

乳酸是耐力项目运动员的大敌。从训练的生物学角度分析，在运动时，乳酸积累导致机体疲劳或机能衰减，是影响运动能力的主要因素之一。但大量积累乳酸可刺激机体对酸性物质的缓冲和适应，从而提高糖酵解供能能力。最大强度运动 30 秒到 15 分钟之间，属于非乳酸和糖酵解混合供能，其中糖酵解供能起主导或重要作用，中长跑比赛属于这种情况。因此，中长跑运动员既需要非乳酸无氧代谢供能的训练，也需糖酵解无氧代谢供能训练。这两种速度的同时改善才能促进运动员速度耐力水平的提高。

1. 乳酸耐受能力训练

不同训练水平的运动员对乳酸有不同的耐受力。乳酸耐受力提高时，机体不易疲劳，运动力提高。常采用超量负荷的方法，在第一次练习后使血乳酸达到较高的水平，目前认为（最大无氧耐受浓度为 12 毫摩尔／升）以 12 摩尔／升较为适宜，然后保持在这一水平上，使机体在训练中忍受较长时间的刺激，从而产生生理上的适应并提高耐受力。运动实践证明，当运动员耐受乳酸能力提高时，运动成绩也随之提高。

2. 最大乳酸训练

机体生成乳酸的最大能力和机体对它的耐受能力直接与运动成绩相关。运动中乳酸生成量越大，说明糖酵解供能的比例越大，无氧耐力素质越好，所以最高乳酸训练的目的是使糖酵解供能能力达到最高水平。研究认为：血乳酸在 12 ~ 20 毫摩尔／升是最大无氧代谢训练的敏感范围，要达到这个目标，采用 1 分钟左右的超量负荷是可以实现的，但完成的训练量太小。因此必须重复多次。采用一次 1 分钟左右的超级量负荷不可能达到这个高水平的血乳酸。采用 1 分钟超级量强度跑、间歇 4 分钟共重复 5 次的间歇训练。

二、速度素质

速度素质是定向越野练习者重要的运动素质之一。首先，良好的速度素质对其他素质的发展有着积极的影响。肌肉快速收缩能够产生更大的力量，高度发展的速度素质可以为耐力的发展提供更大的空间。其次，良好的速度素质有助于练习者更好地掌握合理而有效的动作技巧。最后，时间上的优势可以转化为空间上的优势，使练习者有更大的可能完成难度更高的复杂动作。

速度分为反应速度、动作速度、位移速度三种基本的表现形式。

反应速度的快慢主要取决于感、知觉能力（即接收信号的能力），对信号的选择性分析，信号沿反射弧传递的速度，以及肌肉应答性收缩的速度和能力四个方面。

机体的某一部分完成特定动作的快与慢，称其为动作速度。而位移速度是指练习者以特定的方向快速移动的能力。无论是动作速度，还是位移速度，主要取决于练习者中枢神经系统的功能以及引起该动作某部位运动的肌肉力量的大小。

定向越野运动员的速度主要体现在速度耐力，是指运动员长时间维持一定较高速度水平的能力，最大速度是指在一定距离内最快的位移速度，运动员最大速度的水平是战术安排和比赛最后阶段决定胜负的关键。但最大速度素质不是中长跑项目的决定因素，因此提高运动员的速度，必须与影响速度耐力水平提高的其他因素同时协调发展。单一的最大速度提高的速度训练，如同短跑运动员一样的速度训练，可能获得最大速度的提高，但其速度转化为速度耐力的比率很小。中长跑运动员既需要非乳酸无氧代谢供能的训练，也需糖酵解无氧代谢供能训练。这两种速度的同时改善才能促进运动员速度耐力水平的提高。

发展非乳酸能的速度能力，是耐力项目的特殊需要，是在运动员有机体处在一定量乳酸堆积的条件下，发展运动员的最大速度。实践中，教练员一般安排在专项训练负荷后待运动员有机体内乳酸含量尚未恢复时，全力进行最大速度的训练，如越野跑后选用 200 米左右距离的间歇跑。发展速度素质一般采用接近专项、短于专项、大强度的竞走练习。

三、力量素质

力量是运动之源。力量素质是指人体肌肉工作时，依靠肌肉紧张或收缩克服或对抗阻力的能力。肌肉力量是人类身体素质之首，直接决定着人体运动的能力。在学习任何运动技能时，都需要克服诸如重力、摩擦力等不同形式的阻力。人体的运动几乎都与对抗阻力有关，有较大的肌肉力量可以为取得优异运动成绩提供良好的基础。力量素质是掌握运动技能的基础，与其他素质有着极为密切的关系。因此，力量素质训练是一项基础训练。从事各种不同专项练习均需要进行一定的力量素质训练。所以，对所有运动项目来说，力量都是最基本的身体素质，任何运动项目中的身体训练都必须包括力量训练。

定向越野运动员要不间断地连续较长时间或很长时间地参与，多次重复单一动作。运动员的活动均是由肌肉的收缩产生的动力作用于支撑面（地面）的反作用力使人体在水平方向上向前移动才能得以实现的，因此，运动员的力量素质尤其是下肢力量是极为重要的。在任何情况下，力量尤其是力量耐力是定向越野运动员的重要基础。其中下肢肌群的力量耐力和良好的支撑器官（腿和踝关节）力量能力的要求更高。因此，力量训练主要是力量耐力和支撑器官的训练（肌肉、韧带、软组织、关节）等。

利用循环训练安排全身力量协调发展的练习，这种方法不仅可以提高运动员各部位肌肉功能的发展，而且还可以改善提高运动员的内脏功能。值得注意的是提高运动员的力量耐力应主要通过对血液循环和呼吸系统机能的改善，发挥毛细血管的作用和肌肉对血红蛋白的利用去发展力量耐力。而不应仅仅依靠提高运动员的绝对力量。在训练过程中，应充分利用自然条件发展运动员的力量耐力和支撑器官的功能。如利用地形条件如上坡，目的是发展腿部力量；软地上跑（沙滩、草地、雪地等）增强腿部肌肉和韧带。

另外腰背部力量的协调发展对跑步的正确技术的重要作用不可忽视，可采用肋木悬垂举腿（直腿或屈腿）、垫上腹肌两头起、背肌等练习。

四、柔韧、灵敏和协调练习

柔韧素质是指运动时关节活动（幅度或范围）的能力。也就是人体关节在不同方向上的运动能力，以及肌肉、韧带的伸展能力。作为人体基本运动能力之一，柔韧素质的好坏，即关节运动幅度的大小和肌肉韧带伸展幅度的大小，对于定向越野练习者能力的提高，有着不容忽视的作用。柔韧性可以分为动力性柔韧性和静力性柔韧性两类。动力性柔韧性表现在做比较大的动作中，需要快速移动和移动范围大的能力，如某些动作中需要肢体快速移动，并且要求移动范围大；静力性柔韧性是肌肉要做等长收缩来保持身体姿势，如控腿或某些静止动作。

灵敏素质又称灵巧或机敏素质，是指人体迅速改变体位、转换动作和随机应变的能力。它是运动技能和身体素质在运动中的综合表现，是一种复杂的素质。灵敏素质在需要迅速改变体位的运动项目中，显得十分重要。在定向越野项目中，多变的体位及动作对灵敏素质的要求非常高。

协调素质的协调，是指练习者机体不同系统、不同部位、不同器官协同配合完成练习动作的能力。如"供能"系统、内分泌系统与神经／肌肉系统工作的协同，感知觉系统与运动系统工作的协同，神经系统与肌肉系统工作的协同，不同肢体、不同"肌群"工作的协同。上述各种协同水平的高低，在很大程度上影响着练习者完成动作的水平与质量及总体竞技能力。经过训练实践得知，练习者的协调能力总是随着其不断掌握各种类型的动作语汇、把握更多完成动作的技术、适应不同练习环境而提高的。

柔韧、灵敏和协调能力直接影响中长跑运动员的步幅和技术，尤其是下肢关节的柔韧性和灵活性。根据运动员的特点，采用身体各个环节肌肉、关节的主动和被动的大幅度伸展和牵引练习，有针对性地提高运动员的肩、髋、膝、踝等关节的柔韧性和灵活性，适当增加身体围绕垂直轴转动的幅度，提高肌肉紧张和放松能力，以改善动作的协调均衡性，提高协调能力。

定向越野训练和比赛往往是地形复杂，躲避树枝或各种植物，运动员往往是在各种突然变换的条件下，需要能够迅速、准确、协调地改变身体运动的空间位置和运动方向，以适应变化的外部环境。训练过程中应注意有针对性地发展各种柔韧、灵敏和协调能力；提高对运动员改进技术，增加运动技能的储备；培养好的节奏及提高运动中的放松能力均有帮助，对定向越野项目的训练和比赛尤为重要。

柔韧素质练习方法主要有主动和被动形式的静力拉伸法、主动和被动形式的动力拉伸法两种。这两种练习方法的特点都是在"力"的拉伸作用下，有节奏地逐渐加大动作幅度或多次重复同一动作，使软组织逐渐地或持续地受到被拉长的刺激。可以将肩、胸、腰、髋及腿部作为训练的重点部位。训练时，可以采用压、拉、转、吊、振、耗和踢等方法进行，切记不要操之过急，要循序渐进，以收到理想的效果。

发展灵敏素质可以采用以下手段：在跑跳中做迅速改变方向的各种跑、躲闪、突然起动以及各种快速急停和迅速转体练习等；做专门设计的各种复杂多变的练习，如用"之"字跑、躲闪跑、穿梭跑和立卧撑 4 项组成的综合练习；以非常规姿势完成的练习，如侧向或倒退跳远等；限制完成动作的空间练习，如在缩小的球类运动场地进行练习；改变完成动作的速度或速率的练习，如变换动作频率或逐步增加动作的频率；做各种变换方向的追逐性游戏和对各种信号做出应答反应的游戏等。

协调训练时所选择动作的类型及组合方式尽可能要丰富。因为协调能力是通过完成不同类型动作及动作之间相互的连接来反映的，所以，有目的地选择动作和动作类型及动作的组合方式，有助于培养练习者的协调能力。

值得注意的是柔韧、灵敏和协调的训练应与发展专项技术水平和其他运动素质训练相结合。

第五节　定向越野专项体能训练方法

定向越野是各种定向运动比赛中组织方法比较简便、开展最为广泛的一种，参加者借助于地形图和指南针，按顺序到访地图上所显示的各个点的点标，以最短的时间跑完赛程的运动。定向越野是一项集智力和体力为一体的运动项目，不仅要求选手具有一定的耐力，而且要求选手表现出一定的智力。在高水平运动竞赛中，定向越野在智力识图上区别不大，主要是体现在体能方面。

而专项体能训练是指根据专项运动的特点及对体能的特殊要求，采取与专项运动有紧密联系的训练手段和方法，最大限度地发展对专项成绩有直接关系的专项运动素质从而确保掌握专项技术能在比赛中顺利、有效地运用，从而创造优异成绩和整体竞技能力的训练。

通过研究定向越野专项体能训练的方法，可为定向越野训练的进一步开展提供参考。

定向越野不仅是智力和技巧方面的竞争，同时也是体力和心理方面的竞争。定向运动中的越野跑实际上是一种长距离的间歇式变速奔跑，在途中常常需要短时停下来看图和辨别方向，这样在野外环境中的奔跑可以使身体肌肉的紧张与放松、运动与思维不断交替进行。

一、定向越野专项体能训练的重要性

定向越野的体能训练，是为了让身体贮备足够的能量以满足比赛的需要，它不同于田径项目中的中长跑训练和比赛，有固定的距离，标准的场地，同样的气候条件，赛前就可以计划出每圈的速度，以达到理想的目标。定向越野是在野外复杂地形上越野跑，绝对没有相同的路程。

所以在进行体能训练时，可以参考中长跑训练的手段与方法，来提高运动员的心肺功能，看上去训练的套路相似，但本质不同。先要打破已有的中长跑的节奏，建立新的"节奏"，这种新的节奏完全是为了适应越野跑的需要，它包括的内涵远远超出中长跑节奏的内涵，这种"节奏"或者叫定向越野跑的基本规律，其外在表现是在不同的地形上采用不同的奔跑方法，而在各种不同地形上的跑法是有各自的规律的（上坡、下坡、上台阶、下台阶、跨越沟渠、碎石地、沙地等）。专项体能训练，不可能每一次都到野外去选择不同的地形来练习。在田径场校园内采用不同的方法练习也可以达到良好的效果，训练手段与方法的设计必须要针对野外环境而制定。

二、定向越野专项体能训练的核心——高度独立性

定向越野比赛有其特殊性，运动员的整个比赛过程是看不到的，更没有教练员在身边，整个过程全部靠队员自己独立完成。所以，在训练中就必须让队员养成在没有人监督的情况下，能保质保量完成训练任务的习惯。

训练初期，教练员在安排完训练任务后有必要在场边监督，但一段时间之后，要逐渐培养运动员的自我监督和独立能力，教练员可适当地回避或侧面监督队员的训练。这样经过一段时间的强化，队员在接到训练任务后，

能独立按量完成训练任务。定向越野比赛中，队员的自我监督和约束起着非常重要的作用，所以在训练中要有意识地培养这方面的能力。

三、定向越野专项体能训练的方法

根据国家定向联和会制定的标准，男子精英组的比赛距离在 12 ~ 20 千米；女子精英组的距离在 10 ~ 15 千米，而比赛的线路既不像公路马拉松那样平坦，也不像塑胶道上那样有规律有弹性，线路上有山路、有水域、有树林、有荆棘……异常复杂。

这就要求队员具有适应各种地形，并能长时间越野奔跑的能力。在训练时，就要有针对性，采用有别于田径长跑运动员训练的方法。

（一）连续跑的能力

这里所指的连续跑需要的时间很长，在 2 ~ 4 小时之间。定向越野的训练对象大部分是中学生、大学生，有一定的长跑基础。因此，在训练初期不做太多要求，只是将队员带至公园或类似公园的环境中，要求他们在全速跑的基础上，在规定时间内，去适应各种场地的不同跑法。

让队员在规定的时间内，反复变速跑相同的距离。比如进行 1500 米跑，记录每次跑完的时间告诉队员，让队员把成绩与跑时的速度反复进行比较。反复进行练习，使队员对自己的变速跑速度与时间有一个稳定的记忆。

变速定时跑，采用 12 分钟定时跑，要求变速明显，变速距离不能少于 100 米。在田径场上完成几次基础训练后，再将队员拉到野外用同样的方法反复练习。

（二）不规律变速跑

定向运动员谁也躲不过变速跑。因为在比赛中需要不得不多次运用变速跑来捕捉点标。因此在训练中要特别注意变速跑的能力的提高。变速跑忽快忽慢，非常消耗体力，对心肺功能要求极高。要练好变速跑，关键在于提高心肺功能。开始在田径场上训练时，采用 100 米快跑，100 米慢跑；

最后 50 米快跑，50 米慢跑。把调整期逐步缩短使有氧训练和无氧训练有机结合起来，使心肺适应这种快速转换的过程。接下来快慢的距离变化不再有规律。例：800 米中速——50 米慢速——100 米快速——300 米中速——1000 米慢速——50 米冲刺。训练中教练员可针对每个队员具体规定每段距离时间。最好事先不让队员知道训练计划，当队员跑完某段距离后，教练告之下一段该怎么跑，让队员始终处在前途未卜的状态下，这样效果更佳。也可以在 400 米操场内提前摆放一些标志桶，这些标志桶的摆放是没有规律的，距离的远近也是不一样的，队员在第一个桶的位置开始加速，到达下一个标志桶时变为慢跑，再遇到一个标志桶时加速，下一个又中速，依次类推，起到不规律变速跑的效果。

（三）定向间歇性组合练习

在定向比赛中，路况瞬息万变，不知道前方会遇到什么样的困难，就连将要迈出去的每步都有可能发生意外，一脚踏空，一脚踏上活动的石块，一脚踏上尖利的树桩，等等。所有这些都会给比赛造成时间上的延误，甚至受伤，退出比赛。在实际的比赛中，不同的地形必须采用不同的跑法，不同的路线有不同的应对措施。

针对这些情况，在训练中要有针对性提高运动员的应变能力，最大限度地避免受伤。全面提高运动员的身体素质，仅仅能跑步不行。

训练中可用组合训练法提高队员的综合能力。例：冲刺 100 米—跑台阶——300 米中速跑——翻越障碍物——负杠铃——左、右单跳各 15 次——原地高抬腿 30 次——冲刺 100 米——触摸预先放置的标志桶——800 米计时跑。这种训练预先设计循环的次数，计总时间来评价队员的综合水平。在组合的具体内容上可根据现有训练条件进行调整，项目数量上可增可减。

第六节 定向越野专项体能训练手段的制定

对于定向运动专项体能训练，高水平运动员的专项体能训练中，其耐力训练占绝大部分内容，其他依次是力量、速度、灵敏和柔韧等方面。我们根据调查问卷分析，每位教练员在对于定向运动员的专项体能的训练上的认识虽然各不相同，但一致认为耐力素质在专项体能训练中是最重要的。

速度耐力是竞技运动的生命，定向运动连续性的加速跑、匀速跑、急停、启动等不规律变速跑的转换是关键。但是定向运动的专项耐力素质又不同于中长跑运动员的在整个跑程中保持始终如一的跑速。定向运动员在比赛过程中常需要停下来读图、确定站立点与前进方向、打卡等，在复杂的比赛道路上不可能始终保持均匀的跑速，而且在长时间激烈的奔跑中需要完成跳跃、跨越等动作，需要良好的爆发力、加速能力和协调能力，尤其是长时间的持续奔跑对速度耐力、力量耐力要求很高。

一、定向越野有氧耐力的训练手段

定向运动员有氧耐力的训练方法主要采用持续训练法、间歇训练法和重复训练法等，与中长跑运动员的训练具有一定的相似性。中程耐力和长程耐力是定向运动的关键体能要素，且随着项目的不同，无氧和有氧能力在其中发挥的作用有所不同。例如百米定向运动中，无氧能力是关键要素，而在短距离、中距离和长距离赛中有氧能力是关键因素，但无氧能力也有很重要的作用。

另外，在路线的不同部分有氧能力和无氧能力所发挥的作用也有所不同，如在精确定向区域有氧能力是关键因素，而在概略定向区域无氧能力和有氧能力都是关键因素。

通常，在进行有氧耐力的训练时教练员并不单纯地采用某一种单一的训练手段，而是采用多种训练方法的组合进行训练以达到最佳的效果，不同的训练方法对专项训练具有不同的促进作用。因此，在日常训练中多种训练手段的运用，对运动员的体能和运动成绩有很大的促进作用。

主要训练手段如下：

（一）持续跑

选择田径场或者公园、野外场地进行持续跑和法特莱克跑的训练并结合定向的识图训练。训练时，先慢跑热身，然后快跑和慢跑交替进行，距离控制在 200 ~ 800 米之间，要求在识图时不要停或走，提高在跑动中图、地对照的能力。跑的总距离在 10 ~ 12 千米，时间控制在 60 ~ 120 分钟。这样训练可以在提高运动员身体能力的同时，提高识图能力，提高运动员的兴奋性，使机体承受较大的负荷从而使运动员在放松的心理状态下完成训练任务。

（二）定时定距跑

在田径场或者公园做定时跑完规定距离的练习，比如要求在规定时间内（如 20 分钟、30 分钟）进行长跑练习。

（三）变速跑

在田径场进行变速跑训练，一般常以 400 米、600 米、8000 米、1000 米等段落进行。一般以心率控制，快跑段心率控制在 140 次 / 分左右，慢跑段心率恢复到 120 次 / 分左右，间歇时心率恢复到 100 次 / 分以下时，开始下一组的练习。

（四）重复跑

在田径场进行发展有氧耐力的重复跑练习，强度适中但是跑距应设定较长一些。

（五）越野跑

在公路、树林、草地等路面复杂的场地进行训练，距离控制在 5000 ~ 10000 米左右，使运动员在比赛时能够适应比赛场地复杂的路面并能够根据不同的地貌合理分配自己的体能。

（六）5 分钟以上的循环练习

选择 8 至 10 种方式练习，组成一套循环练习，反复循环 5 分钟以上。心率控制在 140 ~ 160 次 / 分左右，休息恢复至 120 次 / 分，可以进行下一组练习。

二、定向越野无氧耐力的训练手段

定向运动员的无氧耐力的训练与中长跑运动员的无氧耐力训练基本相同，但是又由于项目的特点不同，以及参赛场地的不同而有区别。定向运动训练主要采用间歇训练法包括上山跑和长间歇下山跑。训练时，练习段落先短后长，致使体内血乳酸浓度增加，并控制好两次之间的无氧间歇能力，使身体适应这种持续的乳酸刺激，从而提高定向运动员机体耐乳酸和清除乳酸的能力，身体机能尽快恢复，以适应结合专项速度耐力的需要。

主要训练手段如下：

（一）间歇跑

以间歇跑方法发展全程最高的平均速度的能力训练，教练可以设计星形点的定向折返跑训练，以结合定向专项技术训练提高运动员的专项体能。采用间歇跑方法发展全程最高平均速度能力的训练要突出跑的强度，目的是有效提高运动员较长时间快速跑的能力。

（二）反复加速跑

可以选择在跑道或者上下坡地形。加速跑 100 米或者更长的距离，跑完后放松走回，继续跑。

（三）变速跑

采用加速跑——最大速度跑——惯性放松跑——加速跑——逐渐慢跑的方法练习，如 100 米快跑 +80 米慢跑 +100 米快跑 +80 米慢跑等。

（四）顺风或下坡跑

利用顺风或一定坡度进行 60 ～ 150 米跑的练习。

三、定向越野速度训练主要手段

定向运动员速度耐力的具体训练方法可以采用比赛计时训练法、持续训练法以及间歇训练法和重复训练法。训练量和训练强度可以根据训练的大周期以及运动员水平具体安排。例如，进行大运动量的训练，训练强度为中—低水平（比赛强度的 60 ～ 80%），持续持间距离为短—中，运动量要大，间歇时间要短。高强度训练时，强度要大，相当于比赛的 80% ～ 90%，持续时间短，间歇时间延长，但仍不可完全恢复。

主要训练手段如下：

全速跑：60 米 ×5 组，100 米 ×3 组，200 米 ×3 组，400 米 ×2 组。

变速跑：距离选取为 300 ～ 600 米，以 50 米或 100 米为一个变换跑速的距离。

百米定向：设置梅花点 18 ～ 20 个点标，以接力赛形式进行。

四、定向越野力量训练主要手段

提高运动员的力量耐力主要采用循环训练法，进行大强度间隙循环训练或者低强度间隙循环训练。在训练过程中，应充分利用自然条件来进行运动员的力量训练。

主要训练手段如下：

利用地形条件（上下坡）进行抗阻练习来发展腿部和踝关节的力量 i

在沙地或草地上进行跑的练习以增强腿部肌肉和韧带；

采用超等长力量训练法，如跨步跳上坡、快速跳深等；

采用连续台阶跑，高抬腿练习或者跨越、翻越障碍等训练手段。

五、定向越野柔韧训练主要手段

柔韧性的发展应该以满足定向运动员运动时的需要和预防运动损伤为目标。对于定向运动员来说，长时间长距离的奔跑将导致腿部肌肉柔韧性下降，通过柔韧训练改变腿部的柔韧性，能使奔跑时肌肉变得更有弹性，提高跑动中的肌肉收缩效率。如当运动员跑在复杂的地貌时，如果其踝关节肌肉的弹性足以抵抗这种拉伸，就不会受伤。定向运动专项柔韧训练指对于越野跑技术和能力密切相关的髋关节、小腿腓肠肌和大腿肌肉的柔韧进行重点训练。

例如：脚和踝柔韧性的练习方法——拉伸脚掌和脚趾下部；小腿柔韧性的练习方法——拉伸小腿前部和外侧；大腿柔韧性的练习方法——拉伸大腿前部；髋部和臀部——拉伸髋部和臀部。

六、定向越野灵敏训练的主要手段

定向运动在地形多变的野外地形中奔跑，使平常一些不太重视的肌肉参与到工作中来，以克服不断变化的路面，这需要定向越野运动员的神经系统对肌肉运动有良好的整合能力。运动员的协调性的发展和提高就要在与比赛环境相似的条件下进行反复的练习。提高定向越野运动员的灵敏性，应尽可能采取逐渐增加复杂程度的练习方法。

在田径场地进行训练时，可以通过改变条件、器械等方式增加技术动作的复杂性和难度。通过翻越跳箱、翻跨栏架等动作的重复练习，提高灵敏素质。或者采用各种球类的练习也可以有效提高运动员的灵敏性。

在野外场地进行训练时，可以选择在不同地形或者不同密度的植被上进行跑的练习。反复练习与比赛过程中相似的动作，如跨越水沟、沿田埂边快跑等也是发展专项灵敏性的有效途径。

第七节 定向运动周期训练构建方法

周期训练理论是苏联的运动训练专家马特维也夫提出的，它是一种有计划的多变化训练，以最终的目的为指导原则，用长期且多变化的方式，在不同的阶段达成不同阶段的目标，并且用各阶段目标累积的效果，来达到最终目标。

该理论对竞技运动发展产生深远的影响，对当前的运动训练仍发挥着积极的作用。发展定向运动的竞技能力，周期训练仍是一种积极有效的方法，根据周期训练特征结合定向运动的技术形成特点、竞技体能特点、竞赛时间特点做出分析，得出定向运动训练周期的构建方法，可以促进定向运动训练科学化地发展。

一、从定向运动体能特点构建训练周期

定向运动具备体能主导类耐力性项目的特点，据郑晓鸿教授的研究表明：耐力性运动的竞技状态受技能状态、体能状态和心理状态的综合影响，任何一种状态的变化都将影响整体的竞技变化。对于中长跑、越野跑之类的耐力性项目来说，技术较为简单，所以体能状态是决定运动竞技状态的关键因素。

因此，定向运动体能训练周期可以借鉴田径类耐力性项目进行安排，发展定向运动的体能。与中长跑项目相似的原因如下：定向运动的肢体技术与中长跑的技术大体相同，都是属于跑类；运动时间可以进行类比；供能方式可类比，定向运动的供能方式是以糖的有氧氧化、无氧氧化、ATP混合供能，供能的比例是项目不同则比例不同，与中长跑相似。

据研究表明世界上优秀的耐力性项目运动员的训练周期划分为单周期和双周期两种，在比赛中以周期训练方式取得了成功。所以定向运动也符合耐力性项目的特点，可以从中长跑的训练方式进行借鉴，发展定向运动员的体能。

二、从定向运动的智能特点构建周期

（一）定向运动技能的智力因素

竞技能力是运动员在先天因素的基础上及后天因素作用下通过专门的训练而累积的参赛夺标的主观条件，由此可知，定向运动的竞技能力就可以指定向运动员在定向运动训练过程中所形成的、在定向运动比赛时表现的夺标能力。运动员在比赛中通过借助地图、指北针以及个人的定向知识进行识图和分析地形地貌，按比赛的要求尽快查找属于自己的检查点，比赛需要对运动员所处位置和检查点位置准确地定位，才能顺利地完成比赛，对运动员所处位置与检查点位置进行准确的判断是体现定向运动竞技能力的因素之一。因此，可以把定向运动划分为技能主导类表现准确性项目，根据其准确性特征则要求运动员具备以下能力：

准确识图与记忆能力，运动员在训练中对定向地图的图例、检查点图例、方位图例进行识记，对各种地形、图例能够进行实物、图形识别，以便在比赛中能够准确灵活运用。

路线判断和选择能力，通过运动员对地图的理解并借助训练中得到的实际经验对前进路线地形特点进行判断，准确地选择自己的前进方向。

方向辨别与指北针的使用能力，运动员必须灵活运用指北针对地图方向和前进方向进行灵活判断，即定向。

空间想象能力，能够将各种二维平面的图例想象成三维的立体实物形状，将实物的三维立体形状想象成二维的平面图例。

由此可知，其技能特征与运动智力有着许多的相同之处，运动员的智力主要反映在观察力的细微性和准确性、想象力的丰富性和联想性、记忆力的清晰性和持久性上。定向运动就是通过培养运动员这种特别的运动方式，达到锻炼人的目的。

（二）定向智能的生理特点

智能活动从生理的角度来说是一种对第二信号系统活动的培养和运用，要掌握这种方法必须有相当的知识体系来支持，要掌握知识必须依靠一定的生理活动来完成。运动员掌握知识的过程就是一种对定向运动的认识过程，它表现为一种神经反射活动：即感受器（地图、地形信息）——传入神经——神经中枢（大脑分析地图、地形）——传出神经——效应器（地图、地形）。

（三）定向智能技能形成特点

根据定向智能的反射特点，运动员根据地图信息在比赛的场地上找到相对应的地形、地物，并且能够让地形、地物在地图上以符号的形式进行再现。作为一种运动技术，有特定的使用目标和行为方式，训练任务主要是形成一条固定的反射路线。

智力技能的形成按反射的原理可分为以下四个时期：

技术形成期。运动员通过认识地图上的种种符号，了解符号表达的意思。在一定的条件下运动员进行实地的认识地图和地形。

技术发展期。运动员初步认识地图和地形后，在一些实地的训练中发展识图和地形分析能力。

灵活运用期。通过一定训练，运动员对不同的地形、不同的地图形成自己的不同认识方法，并能灵活运用，能够全面地了解地图上各种比赛信息为自己的比赛服务。

技术消退期。运动员放弃识图的训练，则相应的地图知识和地形知识会慢慢遗忘，导致智能消退。

（四）智能特点构建训练周期

根据反射的原理，定向智能掌握的四个时期不是具体的分割而是一种连续发展的认识过程。条件反射是一种神经冲动，要引起冲动必须有一定的刺激信息量。对于定向运动来说，每次比赛的场地都不相同，总是在新的信息刺激下比赛，在比赛中对新信息的处理能力是靠平常智能训练长期积累的，但是，当条件反射形成后，而不加以新的刺激，那么机体则不能产生兴奋，没有增加地形地图信息量，比如：总是在训练过的熟悉的地形和地图上进行训练，那么训练的结果只是产生抑制，运动员有了一定的智能后又不运用，反射功能也就会消退，失去原有的智力水平。从智力训练方面来说，训练周期是一个长期的过程，如果以年度为一个训练期的话，那么整个年度都进行智能训练。以此类推，并且要达到一定的强度才能形成技能。

三、从定向运动竞赛的特点构建周期

（一）定向比赛时间特点

比赛时间、日程是一种人为的因素，但是作为体育比赛来说，每年度的世界性比赛、国家级比赛、省市级比赛都成为一种固定的赛事延续下来，为训练的目的提出了一个奋斗的目标，即怎样合理安排时间训练和比赛。定向比赛的时间大都是在每年的 7、8 月份和 11、12 月份。以 2015 年的大型国家级赛事为例：7、8 月份全国定向锦标赛和全国学生定向锦标赛事，11、12 月份全国定向冠军赛和全国学生定向精英赛，中间还穿插一部分定向城市系列赛，比赛日程时间大约为一周。

（二）竞赛时间特点构建

研究表明，国内外近十多年来，真正高水平运动员的名字只出现在世界锦标赛、洲际比赛或奥运会的金牌榜上，这说明许多国家高水平运动员只是把频繁的比赛纳入训练的范畴，以赛代练，在全年仅突出一至两次重大比赛。比赛期与不比赛期交替存在，本身就说明训练是有周期性的。

第四章　定向越野训练计划指导

第一节　训练计划的制定

　　定向运动与其他运动项目不同，教练员对参加比赛中的运动员没有可控性，只能靠队员自己独立作战。因此，运动员在参赛前要进行一定的训练。比如要进行一些体能训练、技能训练和心理训练等。体能训练指培养运动员获得长时间在野外奔跑的能力，同时在跑动中运用不同的技术，以适应各种不同的地形，顺利完成比赛任务。技能训练包括路线的选择、检查点的快速捕捉。心理训练指意志品质的训练，能独立处理比赛中的各种困难，能够承受挫折，保持乐观的心态。

　　对初学者而言，除了个人已有的地形学知识和体能存在着差异，其他有关定向运动方面的知识、技术和战术都是一样的空白。所以初学者在赛前通过观看录像片，了解定向运动比赛的全过程；阅读有关的定向运动书籍，了解它的起源、发展、变化、现状，国内外赛事的名称，相关的地形学基础知识，定向运动专用的器材名称等。

　　当你掌握了一定的定向运动知识，有过两三次比赛经历，这时就该向更高的层次提高。其训练计划也应相应改变，重点是定向运动知识、技能在野外的准确运用，以及如何获得适应定向运动比赛的良好体能。

定向训练计划的种类很多，可以根据不同训练的目的制定不同的训练计划，也可以根据不同职业和年龄制定不同的训练计划。

例如：根据不同的年龄我们可以制定出不同种类的训练计划：少年定向训练计划、青年定向训练计划、成年定向训练计划、中年定向训练计划。

我们还可以根据不同训练水平以不同训练目的而制定定向训练计划。如：初学者的定向训练计划、初级定向训练计划、中高级定向训练计划。

定向运动员个人计划是根据定向运动特点以及运动规律而制定的。一般而言，制定不同训练计划时应包括：训练目的、训练内容、注意事项等几个方面。

第二节 初学者定向训练计划

一、训练目标

提高方向感能力，掌握一定的定向训练知识和基本技能，为今后定向训练打下良好基础。

二、训练时间

初学者一般以 2 个月为期，青少年运动员则应延长至半年左右。

三、初学者定向训练计划示例

受训者情况分析：包括本人基本身体状况、身体素质情况、预期目标等。

训练的目标：应通过以有氧训练为目的的耐力训练，提高心血管系统的机能和腿部力量，训练、学习定向运动的基本知识。

周训练内容安排：每周训练 3 次（隔日训练 1 次，如 1、3、5 或 2、4、

6 日），每次训练时间制定 1 小时左右。

（一）第一次（星期一）

速度游戏训练 20 分钟，即走跑结合，快慢结合，持续 20 分钟。

中速跑 100 米 3 组，每组之间应恢复 5 ~ 6 分钟。

学习定向基本技能知识：地图颜色表示什么，也称点标训练。

腿部力量练习：沙坑持续跳 50 次 1 组，做 3 组。

（二）第二次（星期三）

越野跑 30 分钟。

学习定向基本技能知识：比例尺的计算练习：在一张白纸上画出长短不一的线，其方向分为东、西、南、北。练习者则根据教练发出口令的比例尺，按指定的方向跑完相应的距离。例如：口令指示（东向，比例尺 1：5000）。练习者则按白纸上的画线长短向东向跑出。如果东向线长 20 毫米则跑 100 米，西向 30 毫米则 150 米……一次比例尺训练课分别进行 1：1000，1：5000，1：10000 等不同比例尺的计算训练，之间间歇 1 分钟，重复 2 组，组间 4 ~ 6 分钟。

腿部力量练习：沙坑持续跳 100 次 1 组，做 3 组。

（三）第三次（星期五）

场地慢跑 5000 米。

学习定向基本技能知识：图示练习和根据地图的颜色按图示的顺序到访。

练习方法：讲解图示，黑色表示哪些标志，等等。之后，练习者根据地图上的标志进行练习，把不同颜色连接起来，依次到访练习。

越野跑 30 分钟。

四、运动负荷安排

负荷强度：中等练习 1 分钟脉搏控制在 130 次 / 分。

负荷量：中等、组数中等、次数中等；每次课训练 1 小时左右，训练 1 个月后可适当延长训练时间。

五、注意事项

严格执行训练计划，保证训练次数。

训练前的准备活动和训练后的结束活动，遵循定向运动的特点进行，即热身与恢复和放松。

加强饮食营养，要注意多吃自然食物，要多摄取蛋白质、糖原等营养物质。

因材施教，注意个别对待，对体能差者减量，对体能强者要适当加量。

加量训练的基础阶段，必须循序渐进地增大负荷练习，负重训练的肌群必须是在运动中实现应用的肌群。

体能的耐力训练应重点发展有氧练习，针对性地选择发展有氧训练的高级练习。

对初学者要进行适当的理论知识传授，使他们对定向的基本知识有所了解，避免训练中的盲目性。

第三节　初级定向训练计划

一、训练目标

通过训练使自己对定向的技能有明显的提高，体能素质也有较明显的提高，从而达到对定向技术的需要，参加一般比赛。有一定比赛的体会。

二、训练时间

一般以 6 个月或一年为期。

三、初级定向训练计划示例

训练者的情况分析：某训练者有半年的定向训练经历，身体素质一般，方向感意识较强，但耐力一般，野外综合技术能力意识运用不够。需要体能训练。

训练目标：提高方向感训练，运用到技术中去。发展机体的耐力训练能力，发展体能训练。参加定向比赛，提高定向运动技术水平，提高实战经验与体会。

周训练内容安排：每周训练 5 次，即除双休日外，每天训练 1 次（具体时间根据工作学习时间的不同情况安排）。

（一）周一、五技术训练

指南之星训练：为 3 组，即不同方向的练习。一般选择 4 ~ 5 个方向，出发点设定在地图的中心呈三角形，完成一个方向后返回到起点再做向另一个方向的练习，该项练习在野外进行训练。

百米定向训练：即在 100 米 × 100 米的场地，设 5 ~ 12 个点进行练习，这项训练可以在田径场或选择在公园、丛林、郊外进行练习。

路线训练：3 组，即在野外根据地形的情况有目的地进行困难路线练习。如：两点标之间有山有水有建筑物等。练习者根据自己对定向知识理解的不同，选择正确的路线到访。该项练习与正式定向比赛技术相似，在教练指导下进行训练，可提高定向运动的完整技术的稳定性和增加比赛经验。

（二）周二、四体能训练

1. 耐力训练

方法一　定时跑：即在固定的时间内分别用 1 分钟 × 3 组，15 分钟 × 1 组的时间节奏练习；时间长强度可以小一点，时间短强度可以大一点。1 分钟，85% ~ 95% 的强度有利于发展无氧耐力，85% 以下强度可以发展有氧耐力。练习时应注意控制强度。

方法二 持续慢跑：即以相对较慢的速度跑较长距离的练习，心率达到 150 次 / 分，主要发展有氧耐力。

方法三 越野跑：即在公路、山坡、树林、草地等场地进行长跑练习。训练时可定时（如 20 分钟、30 分钟），如进行定向运动专项耐力训练时可延长时间 60 ~ 90 分钟。越野跑应该选择车辆少、空气好的地段进行。

2. 速度训练

即采用加速跑、段落跑如 60 米、100 米、200 米，选择一个段落的加速跑，重复次数 6 ~ 8 次，间隔时间以充分恢复为主。

3. 力量训练

方法一 即长距离或长时间连续跳跃练习。例如：长距离多级跳、连续的蹲跳起、蛙跳等多种形式进行练习。距离一般为 60 ~ 100 米或 20 ~ 30 秒的连续跳跃。组数 4 ~ 6 组。主要发展腿部力量耐力或一般耐力。

方法二 器械练习：主要部位腿部、腰、肩。技术动作为：颈后深蹲、抓举、弓身、坐姿推举，采用极端用力法：每组 10 ~ 20 次以上，重复 3 组，每次间歇 3 ~ 5 分钟。这种方法是有效提高肌肉的力量耐力和培养练习者意志和心理稳定性的有效方法。

（三）周三定向测验赛

点标的数量训练赛分为：6 ~ 8 个点标、12 ~ 16 个点标、21 ~ 30 个点标。

路线变换训练赛分为：短距离、长距离、超长距离。

点标的难度训练赛分为：两点之间有长短、3 ~ 4 点之间有交叉，每点之间不明显；较难找，如石头、小山、洼地、小河等，往往应设置在远离小路和公路的地方。

四、运动负荷安排

负荷强度：中等。

负荷量：每次训练 1.5 ~ 2 小时，随着时间的推移组次不断增加。

训练节奏：周一、五为中等运动量；周二、四为大运动量；周三为小运动量。

五、注意事项

严格训练，严格要求，严格执行训练计划。

注意热身与放松练习。

注意科学训练，前后对照不断总结经验。

加强饮食营养，要注意多吃自然食物，要多摄取蛋白质、糖原等营养物质。

体能训练，严格执行方法正确的练习，控制好负荷量。

注意运动量节奏，防止过度疲劳。

第四节　中高级定向训练计划

一、目的任务

通过进一步加大体能训练，使身体多部位能力明显改善，尤其下肢力量耐力的提高，心血管功能的增进。为定向完整技术创造能力，参加大型比赛并争取在比赛中初显身手。

二、训练时间

中高级练习者训练时间至少在一年以上，也就是说要坚持多年训练。

三、中高级定向训练计划示例

情况分析：该练习者从事定向训练两年以上，已掌握了一般定向训练手段和方法。在中小型比赛中初试身手表现不俗，但心理因素一般，比赛中技术的稳定性一般，需加强体能训练。

目的任务：提高定向技能，熟练定向技术各阶段的动作要领。加强体能技术训练：重视下肢肌肉力量耐力能力训练和有氧基础训练。提高比赛竞技能力。

训练内容安排：每周训练 6 ~ 7 次。训练时间 2 ~ 3 小时。确定恢复性措施和营养的补充措施，注重训练的组合效果，提高竞技能力。

（一）周一、三体能训练

有氧训练与速度训练相结合：速度训练，即上坡跑和下坡跑，加速 30 ~ 60 米，强度 85% ~ 90%，组次 3 组，重复 2 ~ 4 次，间歇 3 ~ 4 分钟。

反复跑：匀速跑 100 米、150 米，段落强度 85%，4 ~ 6 组，间歇时间应充分恢复。

有氧训练，即重点发展有氧耐力、无氧耐力和腿部力量素质。根据定向运动的特点，改善身体下肢肌群的力量耐力应优先发展起动力训练。采用的手段有：定时跑、越野跑、法特莱克（即快、慢交替的长跑练习），这些练习的共同特点是不受场地的限制，如在草地、小丘、小径、公路、田野等地训练。其训练特点是：训练强度为 85% 左右，匀速持续时间 30 ~ 60 分钟，对有氧耐力的发展起到积极作用。持续跑时间达到 60 ~ 90 分钟是专业定向运动员需要坚持的练习。

（二）周二、四技术训练

路线选择训练：基本动作（越野跑技术、出发点的动作、运动中的动作、检查点上的动作、终点的动作）的要求。

检查点、说明表对照训练：检查点说明表示例，检查点与说明符号对照的训练。

野外定向基本导航技术、指北针用途及快速寻找导航方法的训练。

（三）周五、六定向测试赛

短距离比赛练习（野外进行）。

长距离比赛练习（野外进行）。

百米定向比赛练习（公园、森林、田园或校园等地进行）。

训练性的比赛在安排上如同正式比赛要求一样，对于路线的设计呈多样化，如：两点之间长距离，三点之间呈交叉，多点之间长距离为圆形。路线设计合理是为练习者参加正式比赛、创造优异成绩提供良好训练的依据。

四、负荷安排

负荷强度大。

负荷量：每次训练 2 ～ 3 小时。

训练节奏：周一、三为大运动量；周二、四为中运动量；周五、六为大强度运动量。

五、注意事项

严格训练，严格要求，严格执行训练计划。

注意热身与放松练习，加强饮食营养。

注意科学训练，前后对照不断总结经验。

第五节　技能性定向练习

一、读图练习

（一）沿线行进寻找检查点

1. 练习目的

提高阅读地图的能力。

2. 练习准备

准备两张地图，一张为练习者用图，图上标有要求练习者走的有线状物特征的路线地图，另一张为放点者用的副图，图上标有线状物特征的路线和检查点。图上路线设计不宜太长，一般 1000 ~ 2000 米。练习前把检查点放好，布置好路线。由于练习者不知道检查点在哪，所以不需要给他们检查点说明。

3. 练习方法

每间隔 1 ~ 2 分钟出发一个人，要求他们必须精确地沿着所要求的路线行进。当他们沿线找到检查点点标时，取回检查点标记卡，并把检查点标记在地图上相应的位置。错过或标错检查点，可以让练习者再找一次发生错误的检查点。

注意：这个练习，因为需要细致读图，所以时间可以不用硬性规定，但以后可以提出一些要求，加强读图能力。

（二）切割蛋糕（悬挂点标）练习

1. 练习目的

在辨别和确定检查点位置时，增强练习者精确读图的能力。

2. 练习准备

准备一张主要的地图，以起点为中心，在四周设置一些检查点，并把它们分割成几个部分，每一个部分有两个检查点，将由两个练习者放置检查点。检查点的设置要符合练习者的能力，让两个练习者能够互相提问和互相帮助。

准备具有各个部分的地图，每一个部分要有检查点说明，如：A 部分，检查点设在凹地处。

3. 练习方法

把练习者两人一组分成若干组，他们可以一起放点或各自放一个点。找到检查点后挂上点标，立刻回到起点。全部回到起点后，他们可以交换地图，（如 B 拿 A 的图，C 拿 B 的图……依次类推），读图寻找其他部分的点（可以成对也可以单独去找）。

二、图地对照练习

练习目的有两点，一是让练习者把实际的地形、地面的特征与地图相联系。二是让练习者能够测量、估测地面上的特征物在图上的相对位置。

练习前，需准备一张有主要特征和边界的地图（可以是有楼房的草图或简化的定向地图）。教练要向练习者介绍有关地面特征物在地图上的标识和颜色。每个练习者要准备一个夹板和水彩笔。

练习时，首先让练习者到实际地形中去走一圈，让他们记下一些大而明显的特征物的颜色和形状，如草地、空旷地、池塘等，回到起点让他们为所记下的事物定位着色。再让练习者走一圈，让他们记下一些较为明显的特征物，如围墙和篱笆等，回到起点让他们画下所记特征物的位置和颜色。再让练习者最后走一圈，记下树木、灌木丛、座位等一些特征物，回到起点后，让他们画下所记特征物的位置和颜色。如果在野外，可以标示出陡崖峭壁的倾斜度和等高线。

三、地图记忆练习

练习目的是让练习者记住在地图上检查点周围路段上的主要特征物。

练习前，需准备一张主要的地图，以起点为中心设置10 ~ 15个检查点，起点到每一个检查点的距离在200米以下。另准备一张点标核对单（每一个练习者需要跑哪几个点）。

练习时首先给每个练习者编号。再将所有的练习者集合到起点处，让每个练习者看一下地图，看一下自己所要找寻的第一个点，记住路径和检查点附近主要的特征物。练习者听到出发命令后，开始寻找自己的检查点，在每一个检查点处都会有一个点签单或点签箱，拿到相应点签回到起点，再接着跑下一点。在起点处要有两个负责人维持秩序和提供帮助。练习者直到取回所有规定的点标才算完成。

注：对能力较差的练习者要关照他们正置地图和面向正确的方向，在他们离开起点时帮他们核对。

四、距离的估算练习

（一）计数练习

1. 练习目的

让练习者能够精确地测量距离。

2. 练习准备

沿一条小路或一小径测量100米。设置200～400米路段用线绕成一圈。找一块有小路、上坡、空旷森林、草地等各种地形的区域，各种地形各量100米。每个练习者准备一张记录卡片。

3. 练习方法

个人在100米的小路上走或跑并记录步数。个人走200～400米的圆圈计数，然后再计算100米的步数，得出的是较为准确的平均数。练习者把数据记录在记录卡上。让练习者进行100米不同地形的步数计算。

（二）距离的估测

1. 练习目的

掌握地图上的比例尺与地面的实际距离的相互关系，增强他们的距离感。

2. 练习准备

设计一条6～10个检查点的路线，点与点间要能相互看见，每一个路段都要在150米以下且每一个路段都要有不同的长度，在每个检查点处放一张卡片，卡片背后标出实际的距离。再为每个练习者准备一张记录卡片。

3. 练习方法

让练习者在去找检查点之前，先目测距离，然后走过去并计算步数，在每个检查点的卡片背后找到实际答案，把这些数据填写在卡片上。

第五章　高水平定向运动员的训练研究

第一节　高水平定向运动员的训练原则

一、制定科学合理的训练计划

目前国内、国际定向比赛常有明显的年度周期性特征，因此训练计划也应围绕着比赛的周期进行制定。在训练计划的制定过程当中，不同水平的运动员应根据其实际情况制定相应的训练计划。

一个完整的定向训练过程，应该包括了解初期选拔定向运动员的智力和体能，阶段性训练目标的建立，根据运动员的水平制定训练计划，保证训练计划的实施以及在训练过程中对训练结果的检查评定。目前为止，定向区别于其他项目，我们没有专业运动员，即使国家队的运动员也是在各个高校当中抽调的运动员。所以，各高校在训练计划的制定过程中更注重时效性，却忽略了完整运动训练过程的基本规律。随着定向运动水平的不断提高，比赛竞争日益激烈，运动员的早期选拔、早期训练、多年培养已经成为造就高水平定向运动员的一个必经之路。对运动员从开始接受定向训练，到个人运动水平的提高，直至在比赛中获得优异的成绩，都需要有一个完整训练过程的设计和规划，这就需要我们制定一个全程性多年训练计划。以高校为例，高水平定向运动员从入校到毕业一共四年时间，我们要按照这一时间跨度制定计划。

训练计划类型		时间跨度	基本任务
多年训练计划	全程性	4年	系统培养高水平选手
	区间性	1～2年	完成阶段性训练任务或准备并参加一轮比赛
年度训练计划	单周期	6～12个月	准备并参加1次或1组重要比赛
	双周期	每个周期4～8个月	准备并参加2次或2组重要比赛
	多周期	各周期2.5～5个月	准备并参加3次或3组以上重要比赛
大周期训练计划	准备期	5～20周	提高运动员竞技能力
	比赛期	3～20周	参加比赛，创造好成绩
	恢复期	1～4周	促进心理、生理恢复
周训练计划	训练期		提高运动员竞技能力
	比赛期	4～10天或3～20次课	参加比赛，创造好成绩
	恢复期		促进心理、生理恢复
课训练计划	综合训练课	0.5～4小时	综合完成多项训练任务
	单一训练课	0.5～4小时	集中完成一项训练任务

多年训练计划和年度训练计划主要用于安排较长时间的系统训练，是具有全局性的战略规划，它的内容是概略的、框架式的，在实施的过程中相对要求稳定。而周计划和课训练计划是具体实施的计划，要有详细的内容，在训练过程中将会随时做出调整。下表是国家队各战世运会捷克集训期间连续比赛的周训练计划。

星期	上午	下午	晚上
一	9：00～11：30 准备活动 山地小路上的轻松跑 （1小时） 10×200米上坡冲刺 （95%速度）	3：00～5：00 地图记忆训练	总结、识图基础训练 （1小时）
二	9：00～11：30 准备活动 专线定向，固定路线 匀速跑，爬高量 90米～150米 （90分钟） 放松跑（40分钟）	3：00～5：00 专项技术训练	定向游戏 （1小时）
三	9：00～11：30 专项身体训练 核心训练	3：00～5：00 定向技术训练	总结、识图训练 （1小时）
四	9：00～11：30 森林间歇跑（60分钟） 间歇30分钟	3：00～5：00 训练赛	定向技术分析 （图上作业） （1小时）
五	9：00～11：30 接力训练	赛前准备活动	休息

二、培养运动员良好的心理状态

对于运动员来说，比赛胜负是一时的，而挑战是不断的。面对失败要挑战，面对成功也要挑战，只有不断挑战，才能创造发展，不断攀登。定向运动员的心理状态是尤为重要的，在比赛中要从积极的方面和有利的方面去考虑，始终让自己保持良好的情绪状态。例如，运动员在比赛中，由于在某一个点上出现失误，消极的心态就会认为这种失误是不可弥补的；而积极心态的运动员会总结经验，吸取教训，告诫自己不再犯错，把失误的时间抢回来。这样一来，比赛成绩将会截然不同。

运动员在比赛中能否创造优异的成绩，除了训练水平和客观条件以外，心理因素起着至关重要的作用。也就是说，高水平运动员在比赛的关键时刻不是比技术而是比心态。谁能在关键时刻保持清醒的头脑和顽强的意志，谁就能夺取最后的胜利。在 2008 捷克世界锦标赛女子接力的比赛中，最后一棒队员李季，在通过中途观赏点时排在澳大利亚和拉脱维亚之后，位列第九名，但是她凭借良好的心理状态和顽强的拼搏精神，在最后两点超越对手，最终获得了第七名，创造了中国国家定向队在参加世锦赛以来的最好成绩。

为了能够让运动员有一个良好的心理状态，我们应当把心理训练加入到日常的训练中去，做一些针对性的心理训练，增强他们的心理技能。

三、定向运动员的营养需要

定向运动员的运动强度相对较小，在训练和比赛中要求保持清醒的头脑和充沛的体力，运动所需的能量主要来源于能源物质的有氧氧化。定向运动员的膳食营养需要应首先满足糖类和脂肪等能量物质的补充，食物来源除了传统的米饭、面粉以外，还应注重含糖量较丰富的水果和蔬菜等。

定向比赛多在夏季，因此运动员在夏季的训练量和体能消耗比较大，再加上高温的影响，经常出现饮水欲望很强而食欲较低的情况。由于训练和比赛后运动员食欲较低，就会出现在夏季运动员营养摄入不足的状况。夏季训练和比赛时，运动员机体处于高温环境和大运动量代谢的双重应激状态，导致机体垂体肾上腺系统的紧张反应。而这些应激反应使体内环境的稳定性发生变化，并相应产生代谢和营养需要的改变。因此，合理安排运动员的营养，对提高运动员的适应能力、运动能力和健康水平都有重要意义。

运动员在夏季训练和比赛期间，由于身体代谢产生的热量和气温较高双重因素的影响，使身体热量增加。体热的增加使血管扩张而引起机体的大量出汗，造成血浆容量减少。而血浆容量的减少使身体内部温度更高，从而刺激下丘脑体温调节中枢引起进一步出汗。运动员在汗液大量丢失时如不及时补充水分，就会加重心血管负担，同时，由于汗液中含有无机盐，大量出汗时丢失的钠、钾等离子，如不能及时得到补充，就会发生热病、热衰竭甚至中暑。定向比赛多在山地森林中进行，一旦中暑，运动员将十分危险，因此运动员饮食营养措施非常重要。

定向运动员在高温环境训练或比赛后，因大量出汗，对饮水的要求高于饮食，这时运动员的热能消耗不能得到充分的补充，致使体重减轻，运动能力下降。这时可以采取一些促进食欲和消化腺分泌的措施，应多调配多样化清淡可口的饮食，准备些饮料、菜汤、肉汤、绿豆汤（不低于10℃），运动员进餐前少量饮水可解除饮水中枢的兴奋并促进消化液的分泌，但不能因口渴而大量饮水，这样会增加排尿量和排汗量，使体内的无机盐进一步丢失，并加重心脏和肾脏的负担。训练比赛期间应加强蛋白质的营养，适当减少脂肪的比例，在膳食当中可选用一些瘦猪肉、牛肉、鱼肉、鸡肉和豆制品等，以保证蛋白质的供给。

第二节　高水平定向运动员竞技能力结构与框架

高水平定向运动员的竞技能力主要指精英组运动员参与训练和竞赛时所拥有的技能。在定向运动员众多的运动能力因素中，它们相互作用、影响和促进，因此对定向运动运动员能力的要求是全方位且综合的。

一、定向运动员竞技能力结构要素

定向运动员的竞赛成绩与竞技能力是有着直接影响的，是密不可分的。在文献综述中，目前专家对竞技能力的解释及其要素划分都有着不同看法。因此，根据定向运动的特点和实际状况，需要设立定向运动员竞技能力框架。

定向运动运动员竞技能力结构是多因素的，影响该项目运动员竞技能力发挥是通过竞技能力要素的影响而实现的。对于定向运动员的选材及训练应依据竞技能力中各指标的重要程度来综合考虑及重点考虑，分清主次关系，才会有更好的选材、训练和成绩的提高。

通过对高水平定向运动员竞技能力权重评分及问卷调查，对定向运动员竞技能力结构中各要素之间所占百分比的评比，我们分析结果如下：

类别	重要程度
体能素质	9.2
技能	9.3
战术	7.4
心理	8.5
智能	8.1

由上表可以看出，体能与技能的权重最高，战术最低。体能因素与技能因素在定向运动员竞技能力中占主要部分，而战术因素、心理因素和智能因素只能通过前两者而间接影响竞技能力。因此，体能与技能的影响是起主导作用的，但这并不是说其他因素不重要，各要素之间要相互作用、相辅相成才能更好地发挥竞技能力水平，但同时要有所侧重，分清主次关系，对定向运动员的训练更加有效。

二、定向运动员竞技能力结构二级指标

我们设定的二级指标采用"特尔非法"，选项分为：非常重要／重要／比较重要／一般／不重要，分值分别为：5、4、3、2和1分，计数各项指标权重平均数，以此确定指标的权重，≥4分的选作为研究指标，分析结果如下：

一级指标	二级指标	重要程度	筛选结果
体能	身体形态	2.28	速度素质
	速度素质	4.5	耐力素质
	耐力素质	4.85	
	力量素质	3.7	
	柔韧素质	2.4	
	协调素质	3.0	
	灵敏素质	3.3	
技能	读图技术	5	读图技术
	方向感技术	5	方向感技术
	距离感技术	4.2	距离感技术
	等高距判断	4.4	等高距判断
	路线选择技术	4.8	路线选择技术
	点位攻击技术	4.5	点位攻击技术
	越野跑技术	4.4	越野跑技术
心理	赛前心理	3.65	意志力
	成就动机	3.4	压力承受能力
	自信心	3.85	集中注意力
	意志力	4.7	
	压力承受能力	4.4	
	焦虑控制力	3.95	
	集中注意力	4.85	
战术	战术意识	4.4	战术意识
	战术运用	4.6	战术运用
智能	智力	4.2	智力

通过筛选，最后确立高水平定向运动员竞技能力二级指标共15个，2项体能：速度和耐力，比较之下耐力要求更高；7项技能指标：读图、方向感、跑图节奏、路径选择、距离感、点位攻击、越野跑；3项心理指标：

压力承受能力、意志力、集中注意力；2 项战术指标：战术意识和战术运用；1 项智能指标：智力。其中，定向运动体能二级指标为耐力素质和速度素质。

根据速度和耐力素质将调查指标设定了 7 个指标：100 米、200 米、400 米、800 米、1500 米、3000 米和 5000 米，根据专家评定筛选及定向运动项目特征，确定 3000 米和 5000 米为高水平定向运动员体能指标的调查指标。

第三节　高水平定向运动员主要竞技能力训练分析

我国高水平定向运动员整体的体能水平处在田径二级水平，体能水平并不是相当高，而技能水平整体在三级水平，但各项指标发展不平衡，与国外四级水平相差一个等级的差距。在上一节的介绍中，我们知道体能与技能在该项目结构中的的比重情况，是影响定向运动员竞赛结果的两个大重要因素，因此在训练中，主要从这两大因素入手，提高运动员的竞技能力和竞赛成绩。

一、高水平定向运动员体能训练分析

在定向运动中体能是有相当重量的组成部分，是决定比赛成绩的主要的基础因素，没有好的基础，技术再好也难以取得好成绩，因此对于体能的训练极其重要。

由于定向运动是一项高强度、高耐力的间歇性运动项目，目前对于定向运动员的选拔在体能上的考核主要是从测试 3000 米和 5000 米的成绩为主，但结合定向运动的项目特点来说，其竞赛没有规定的路线、距离、场所，比赛场地是复杂的、变幻莫测的，涉及的场地是多样化的，有校园、公园、

城镇、野外山地等各种场地，在同一场比赛中这些地形之间随时转换，与很多传统运动项目的固定单一的比赛场地有着很大区别。因此在日常训练中，应结合定向运动场地特征进行合理有效的训练。

从训练场所来说，分为校园与户外训练场所。

在校内的体能训练，则是在田径场为多，多为耐力、速度和变速跑训练。耐力训练是最主要的体能训练，依据定向运动比赛项目整场的比赛距离，可将耐力训练设置为3000米、5000米、10000米为主要耐力训练，根据以上体能数据分析，高水平定向运动员的体能与田径二级的阶段相近，因此以田径二级水平为衡量基础。定向运动整场比赛都是由若干个目标点所构成的，距离有长有短，根据以往比赛信息来看，距离多为100～400米以内，因此对于速度上的训练主要以100米、200米、400米为主。定向运动是一项间歇性的打卡运动，这就要求定向运动员具备良好的耐力与速度相结合的变速跑耐力，即确保耐力训练的基础上，速度应随机变化，时快时慢的同时也要保持好节奏，训练方法如：3000米、5000米的变速和耐力、短距离折返训练等。

在户外训练，主要针对具有高度落差的场地及地面差异的耐力、速度奔跑能力。定向运动的比赛场地并不是单一的平地，其中包括平地、山地等不断起伏的地形，高度落差的比赛场地如：山地上下坡、楼梯上下坡、平地上下坡等，因此在户外应多练习山地耐力跑，山地爬坡与下坡的速度跑法及折返跑的方法。同时在不同的地面进行跑的训练，主要都是围绕耐力、速度、变速跑的训练方法。只有通过在各种场地的训练和积累，才能在面对任何比赛场地时快速做出相应的体能分配，何时该快、何时该慢，以此更省体能和更快地完成比赛。

二、高水平定向运动员技能指标训练分析

在定向运动中不论是体能还是技能，任何一项指标达不到相应的水平

都难以取得好成绩。技能是决定性因素，对于取得好的成绩来说，是不可缺少的重要组成因素，因此对于技能的训练也是同等重要的。根据以上指标的筛选及分析，技能主要分为：读图、方向感、距离判断、等高距判断、路线选择、点位攻击、越野跑，其间无孰重孰轻之说，只有有机结合运用才能发挥最大的作用。

（一）读图技术训练分析

精准的、迅速的读图在定向运动中是很重要的。对于初级运动员更注重专业地图内众多符号的识别、色彩的识别、地形的识别等为主要训练内容，即定向运动的理论基础知识的学习和熟悉，这也是基本要素；在具备基础知识的前提下，如何提高读图技术，可从读图动作与读图技巧进行分析。

读图动作包括地图标北、地图折叠、拇指随行、地图稳定性。地图标北是指运用指北针将地图与实地方位统一，在整场比赛中地图始终保持标北，以明确自身方位；地图折叠是根据每个赛点阶段进行地图变换折叠，以此方便快速奔跑及快速集中看图；拇指随行是指根据实地行进路线的变化用拇指标注地图位置，以此快速明确自身位置，更好地执行；地图稳定性是指在奔跑过程中保持读图时地图的稳定性，确保读图清晰准确。

读图技巧包括简化地图、精确读图、平行读图和超前读图。简化地图是指将复杂、琐碎、不重要的地图信息忽略，突出明显的标志物，这一技巧主要在中间执行路段，通过简化地图减少读图次数，以此在确保执行路线的准确性的同时提高奔跑速度；精确读图是指将地图内容详细、细致地读取，这一技巧主要运用在攻击目标点时，以此快速、准确无误地寻找到目标点；平行读图是指阅读区和场上位置一致，主要为跑在地图信息的控制内和确认运动场时；超前读图是指超出所跑运动场的领域，通常根据设计路线的实际情况，对路线完全把握方向的情况下，对一个或几个目标地形或路线提前解释信息，以此保证打点的连贯性。

在训练中，读图动作应时刻要求运动员按要求做好，在日常训练中养成习惯，以此在比赛时能娴熟运用。读图技巧的训练应按从简单到复杂、从易到难的原则进行阶段性训练。

（二）方向感技术训练

方向感是人体对于物体所处方向的感觉，其在定向运动中是同样重要的，是首要确定的信息，否则在四通八达开阔的场地上，随处可通行，无法判断出正确前进方向。在定向运动比赛过程中需要运动员根据地图要求在实地中快速转变方向及明确自己每时每刻的方位，稍有一点偏差都可能造成失误。

对于方向感技术的提高和判断，可以通过掌握指北针的运用提高方向感技术，指北针需要与地图相结合运用才能起到作用。为突出方向感的训练，可将地图只设计出路线，其他信息全部忽略，仅根据指北针和运动员方向的判断进行找点，这将大大提高运动员的方向感。方向感的训练同样要遵循由易到难的原则，即场地的选择应先由田径场无障碍场地进行、再到校园公园等容易判别的场地，最后才到复杂的野外场地，以此不断提高方向转变能力、丢失方向时的快速辨别能力、点与点之间的方向辨别能力、概略方向与精确定向、根据周围环境辨别方向的能力。

（三）距离感技术训练

在定向运动中的距离感技术，主要是指通过地图信息判断出实地行进距离。距离感技术主要是为了在执行阶段能在有效的范围内，确定自身位置及前进距离变化。距离判断是要通过日常训练的累积，根据调查发现，定向运动员的日常训练多数在田径场内，对于平面距离的距离感相对较强，但进入野外复杂、起伏大的场地，距离判断是有一定差距的。因此在训练时，通过在不同的地形上设置不同的距离跑的不断训练，以此培养出运动员在各场地上距离判断的准确度。

（四）等高线技术训练

等高线技术主要运用在地势起伏较大的场地，即对等高线特征解读、等高线距离判断、等高线形态判断、等高线高低判断。对于等高线的提高，应通过多在等高线特征明显的地形上进行跑图训练并在训后进行复点训练及时总结。同时可以通过学制图了解等高线特点，对等高线技术训练同样由简单地形开始训练，树立良好的基础，再逐步增加难度。因我国定向比赛场地多样化，涉及地势各有特点，在训练时也应选取不同的场地进行针对性的训练，以此达到更加全面的训练。

（五）路线选择技术训练

定向运动是需要在未知地带独立完成的比赛项目，路线的选择也是要自我决定的，因此从一个点到另一个点的路线的选择是因人而异的。定向运动同样是以时间消耗最短为取胜方式，但并不是最短的路线即是最佳的路线，路线的选择需要从自身优势、各技术掌控能力、障碍及地形地貌进行综合考虑，以此选择出安全、快速、省时省力、最能发挥自身优势的最佳路线。

路线技术的训练主要应包括快速规划路线的能力、多条路线分析能力、路线执行能力、遇阻时快速变更能力。运动员的快速规划路线能力首先通过简单地图训练进行路线规划训练，再进行较复杂的地图训练，由各运动员选出不同的路线进行对比，训后进行总结分析。另一训练方法是，设置固定的路线，按要求执行，以此训练运动员的路径选择能力和执行路线能力。

（六）点位攻击训练分析

在定向运动中尽可能快地、一次性地攻击到目标点，对提高成绩和树立信心有着重要的影响。攻击点位可从直插技术、折射技术、辅助技术、精确点位技术入手。直插技术即是从一个目标点直线行进攻击到另一个目标点，不用选择绕行，这种技术多运用于短点间。折射技术即通过攻击目标点附近明显参照物，折射到所寻目标点。辅助技术则是通过在行进路上寻找突出的参照物，进行路线确认和目标点附近环境的确认，以此攻击到点位。精确点位即是将目标点附近的环境进行放大，以此更加清晰明确目标点的位置。在训练中，依据以上攻击点位的方法进行具体的训练，如运动员在直插技术有欠缺时，应在跑图上设计多短点，并要求运动员运用直插技术，重复训练以此提高，折射技术的训练可通过将目标点设置在无明显参照物地带，附近有明显参照物作为攻击的辅助，进行折射到目标点的训练等。在对各点位攻击方法的训练后，再经过综合及交叉运用方法进行训练，使运动员在面对不同的点位设计时做出相应的方法进行点位攻击。

（七）越野跑技术训练

定向运动的特征之一就是复杂的户外赛事场地：校园、公园、城镇、山地等各种可利用的场地，地表有水泥地、坑洼地、草地、沙地、泥地等不规则地面，有障碍物攀登等各种地形的变换，因而需要把握和使用正确越野跑技术和合理调配体力，将跑与实地环境联系在一起。因此在训练中，要从以下方面进行考虑：从执行路线的情况确定跑速，从地形环境变化确定奔跑的节奏，要依据比赛实地场地的特征选择相应的越野跑技术。

三、高水平定向运动员心理素质培养

心理训练就是根据人的心理特性，使用相关理论，来对运动员的心理做调整训练，以综合平衡提高运动员的心理调解能力。当定向运动员一人置身于未知、陌生、复杂的野外比赛场地时，不论遇到什么情况都需要运动员独立完成比赛，这对于定向参赛者的集中注意力、意志力、压力承受力有着较高的要求。

（一）集中注意力的培养

定向运动的竞赛场所是开放式的，与封闭式场地不一样，在比赛中不仅会出现各组别的参赛者，甚至还有其他无关的社会人员，这就需要定向参赛者具备高度集中的注意力。

在训练中，教练员可在训练场地安排无关人员随意走动、奔跑，制造比赛相似场景，让运动员熟悉、适应，以此培养运动员的集中注意力。

（二）意志力的培养

定向运动不仅要面对复杂的比赛场地，还是一项高耐力跑项目，因此坚强的意志品质，是运动员能否在激烈的比赛中争取比赛的胜利的重要保障。对于意志力的培养，应先从树立运动员信心为基础，根据运动员的实际情况，设定合理的短期目标，逐渐提高目标要求。

对于意志力的培育，教练员设定短期和长期的训练目标时，首先设置短期目标，让运动员树立信心和对自我给予肯定，以此再加大目标要求，逐步培养运动员不轻言放弃的习惯。

（三）压力承受能力的培养

对于定向运动员压力承受能力的训练，应将运动员有意放置在外来干扰的恶劣情形下实行训练，运动员应将全身心致力于技术运用上，通过这样的重复练习，以提高运动员的抗压能力。

四、高水平定向运动员战术指标训练分析

定向运动从运动场地而言，具有复杂性，是不固定的，是变幻莫测的；从运动方式而言，是多变的、不规律的。因而，定向参赛者必须拥有强大的转变力、充分的技术，在对竞赛场地状况进行多位观察同时，能准确且迅速地判别所呈现的情况，同时应及时做出相对举措，也就是能具备较强的战术意识及灵活运用战术的能力。

（一）战术意识训练

赛前的战术意识对于定向运动员而言是很重要的，在每次比赛中，面对的都是陌生场地，这就需要运动员有很强的战术意识，为比赛做好前提准备。定向运动员在该方面的训练方法有：对运动员传授该战术的理论，战术意识贯穿于整个训练比赛中；实行赛事观摩，剖析赛中的战术运用之

处；赛后总结解析，教练员开设相关课堂讲解，对赛中战术变动的规律，对具有代表性赛事的战术变动及运用做详细剖析。

（二）战术运用训练

1.模拟训练

定向运动的比赛场地是多变复杂的、是不固定的，因此在赛前，应根据比赛信息，在相似场地进行训练及摸寻场地特征。

2.实战训练

通过实战训练，让运动员接触到比赛场地上出现的各种状况，帮助运动员对战术更加深入地理解，使战术的运用更加合理。

五、高水平定向运动员智能指标训练分析

从定向运动的特点分析，智能在结构中占有重要作用，该项目需要参赛者分析图纸、独立判断、细心观察场地情况和保持与地图的联系等，这些涉及其认知的能力。因此对运动员的定向运动专业知识掌握有较高的要求。对于专业知识的培养可从以下方面进行培养：

（一）传授专业理论知识

定向运动有着自身的专业知识，教练员应将定向运动专业理论知识系统、全面地传授给运动员，并使之学习理解，定期进行审查考核。

（二）直观式和启发式训练法

在传授理论内容时，可用观看录像、图文等直接观看的方法培养其洞察能力。还应运用启发的手段，如提问、测试等方法引导其学会运用概括、解析、判别等思维形式发展运动员的创造性。

（三）分段训练法

在智力培养中，教练员应遵循由易到难的原则。先从简单的、基础的专业知识进行传授，再到复杂的、难理解的知识过渡，分阶段性的传授能让运动员更好、更全面、更有效地理解和掌握专业知识。

（四）理论与实践相结合训练法

在定向运动专业知识理论的学习后，进行实战训练，在训练后教练员应对运动员进行实地分析讲解，使运动员更好地理解和运用有关知识。进而提升运动员在各种竞赛场地的随机反应和思维分析的能力。

第四节　优秀定向越野集训技术结果研究

定向越野运动是一项体力和智力并重的体育项目，有人把定向越野运动形象地比作是边跑马拉松边下象棋，这也正是定向越野运动的独特魅力。要想取得好的定向越野比赛成绩，体能是基础，技术是保障。

在研究中，我们发现某高校的定向越野运动能持续地取得一些好的成绩，其运动员技术基础好，优势突出。通过对该校定向越野队的主教练进行专访后，我们归纳总结了基本定向越野技术和日常训练的方法。

一、基本技术

（一）地图正置及拇指辅行法

先将地图正置，把拇指放在地图上自己的位置。这样你要前进的方向便在地图前面，使你清楚观察四周的环境及地理特征。当前进时，拇指随着移动，当改变前进方向时，地图也要随着转移，即保持地图北向正北方。因此，你可以在任何时候都能立即指出自己在图中的位置，省去不少时间和精神。

（二）利用指北针

利用指北针，准确地找出目标的方向。每次前往目标前，可先观察目标周围的地势，加深印象，务求快速及准确地到达目的地。

（三）扶手法

利用明显地貌或地物特征作为引导，使前进时更具信心。如小径、围栅、小溪涧、山峰等，皆是有用的扶手。

（四）特征记忆

搜集途中所遇特征，辨别前往控制点途中所遇到的地理特征，确保前进方向及路线正确。切勿将相似的特征误认。

（五）攻击点

先找出控制点附近特别明显的特征，然后利用指北针，从攻击点准确及迅速地前往控制点。攻击点必须是容易辨认的，如电塔架，小路交点等。

（六）数步测距

先在地图上量度两点间的距离，然后利用我们的步幅准确地测量要走的路程。方法：先量度 100 公尺我们所需步行的步数（设 120 步），当我们在地图上发觉由 A 点到 B 点的距离是 150 公尺便可伸算出应走 180 步。为了减少数步的数目，我们利用"双步数"，只数右脚落地的一步，便可把步数减半。上面的例子双步数为 90 步。

（七）目标偏测

利用指北针前进，把目标偏移，当到达目标的上面或下面，才沿扶手进入目标。

除比赛时经常运用到的上述基本技术外，各队都有独特的训练手段。该校治队严谨，纪律性强，在技术训练时他们经常采用背图训练法，因为定向运动中快速反应能力很重要，作为优秀运动员，快速反应还不够，要对地图能有一定的记忆能力，看一次之后，要能记住 1~2 个点的基本信息。在不再看图的情况下就能直接迅速地找到准确位置，通过不断的练习，使能记忆的点数越来越多，这样就能更加快速地奔跑，比赛成绩也就更好了。但也不要盲目为求记忆而去记忆，首先要确保自己在不出错的情况下去记忆，稳定发挥才能创新飞跃，近年，该校定向越野队采用一种沙盘模拟训练办法。给训练者一张地形图，让他根据地图反映的信息，在沙盘中堆出山顶、山脊、山凹、山垄等，并且要求注意各处的坡度，大小要成比例，地图上有显示的标志物要安放的位置准确。这样的训练能使队员清楚地读懂地图，理解地图的真正含义，在比赛中对地图的反应也就会更快速准确。在体能训练方面，该校的法特莱克跑也很有效果。上述七种定向的基础技术，虽然是最普通的技术，但是要想很好地运用这些技术，也并非那么容易，只有熟练并且经常使用，才能在比赛的时候很好地发挥出来。

二、速度控制技术

定向越野比赛的距离一般分为3公里内（短距离比赛）、4～5公里（中距离比赛）、7公里（标准距离比赛）。与田径项目中的中长跑技术不同，定向运动的越野跑在途中常常需要慢或停下来识图或定向。这种在野外复杂环境中的间歇式变速疾跑。要求肌肉的紧张与放松、身体的负荷与精神的专注不断地交替进行，同时兼顾体力和智力的合理运用，所有运动员都不是盲目地只求速度取胜，比赛中约有87%的运动员都会刻意减慢奔跑速度，94%的运动员会在找到检查点时核对检查点代号，运动员在比赛中都是稳中求胜。

速度控制技术的核心是越野速度要同识图结合在一起。也就是说，如果你不能明确你在地图上的站立点以及检查点的正确位置，那么跑得再快也是徒劳无功，只会加快你迷失方向的速度。从另一个角度来理解，越野速度快与慢的调整要根据到达下一个检查点的运动方向和路线来确定，如果可以做到"人在地上跑，心在图中移"，那么可以尽可能地加快速度，直到确定下一路线和参照物。

一般来讲，越野速度不宜过快。过快或在途中加速太猛不仅会影响体力的正常发挥，而且会严重地影响判断力和识图能力。科学研究表明，人在剧烈运动时的认知能力低于静息状态。在越野跑中如果速度过大，识图时间不仅会更长，错误也会更多。另外，不同的地形跑动的速度也有差异。速度控制技术是定向越野训练中的专项素质，所有的专项速度训练要同识图判断能力结合在一起，跑动中的表象训练是速度控制技术训练的关键。包括在田径场的长跑训练也要贯彻这一指导思想。

三、心理调整

由于定向运动是体力与智力并重的体育运动项目，所以定向运动的心理训练要比其他体育运动显得更为重要。心理调整计划是为了使运动员避免比赛过程中产生的一些心理变化影响比赛进程而进行的调整手段。如在比赛开始时对心情太激动而失去控制的调整，比赛过程中对注意力分散的调整，以及对最后几个点标由于疲劳和兴奋而失控的调整。训练中要根据每名运动员的不同心理特点制定不同的心理调整计划，并且预先要反复进行表象练习。心理调整计划内容包括：

出发心理调整。应仔细转动指北针，跑的速度比正常时慢，有意识地选择一个好的攻击点。选择一条最佳路线，查核两次地图，观察地图前面的点标位置。

赛中心理调整。运用一个攻击点，观看地图前面的点标，合理运用定向运动速度控制技术、打点技术，如果有疲惫、厌倦和注意力不集中的现象，就得运用重新定位技术。

最后点标心理调整。完成最后打卡任务后冲刺，并同时确信完成了所有点标和按正确顺序打卡。

终点心理调整。平静地走过终点位置。不要责怪自己在比赛中犯的各种错误或抱怨某个花了较长时间的点标。立即离开终点。努力使比赛中的各种紧张心理平静下来。理性反省自己在比赛中所犯的错误，争取在下一次比赛中取得更好的成绩。

第六章 定向越野体能训练在学校中的发展研究

第一节 定向越野对学生体质的影响

一、我国学生体质健康现状

据第六次"全国学生体质健康调研报告"显示：学生的总体身体体质和健康状况有所改善，中小学生身体素质下滑趋势开始得到遏制，但出现了肥胖检出率继续增加、大学生身体素质继续呈现缓慢下降等新问题。调研结果显示，19～22岁年龄组除坐位体前屈指标外，爆发力、力量、耐力等身体素质水平进一步下降，但与前一个五年相比下降幅度明显减小。

二、定向运动对学生体质健康的促进作用

定向越野不但可以磨炼人的意志，锻炼人的技能智能，它还可以强健体魄，培养人独立思考的能力，在较短的时间中做出分析判断的能力。在运动过程中，身体机能部分相互制约相互影响，而且这是一项耗能较大的运动，需要能调节有氧运动、无氧运动的切换，使循环系统、呼吸系统处于相对稳定的状态，从而提高运动员的肺活量、反应性和灵敏度。

定向运动时间较长，功能以有氧功能为主，长期有氧锻炼能够有效地

改善学生的身体形态，减少脂肪在体内的大量堆积，提高心血管和呼吸系统的机能，使身体向健、力、美的方向转化，对于营养失衡而引起的肥胖现象有很好的控制作用。

另外，丰富多彩的定向比赛方式，能够让学生体育锻炼不再枯燥。提高大学生的体育兴趣，促进大学生在定向运动中的社会交往，对发展大学生健康的体质有着重要的作用。

三、利用定向越野特点提高学生体质的方法

百米定向需要参加者在高速奔跑下，短时间完成读图，正确判断路线，是对参加者智力、体力、心理素质的综合考察和锻炼。前期制图时选择校园内地形相对简单，地形地貌物较为明显，起伏不大的校园区域开展定向越野，如校园的田径场、广场、花园、教学楼等。采用一对一的对抗形式或者分组对抗形式，通过百米定向越野来发展学生的速度素质。而接力定向，可以在百米定向基础上增加更多的"接力起点"，让更多的大学生参与其中，逐渐提高他们的身体速度素质和团队意识。

放置任务检查点，可以在检查点放置负重块，学生需要在检查点拿起负重块，做跳跃或者负重行进若干检查点。也可以有意识选择可以跳跃的沟渠、沙坑、低矮植被等地物、地形。提升学生定向越野过程中的耐力素质、柔韧素质和灵敏素质等。这些项目要根据学生的身心特点，设置合理的负重量和距离。

总之，要想推动学生体育锻炼，提升学生身体素质任重而道远。而定向越野这项体育运动其本身的特点，可以吸引广大学生参与进来，符合当今人们亲近自然、锻炼身体的需求，改变了传统的教育模式，培养学生的体育锻炼兴趣，从而增强学生的体质，帮助学生树立正确的世界观、人生观和价值观。因此，要加大定向运动在学校的推广力度。

第二节　小学生的体能训练措施

体能是通过力量、速度、耐力、协调、柔韧、灵敏等运动素质表现出来的人体基本的运动能力，是运动员竞技能力的重要构成因素。体能水平的高低与人体的形态学特征以及人体的机能特征密切相关。有效的体能训练能够有利于学生身体素质的提高，强化身体体质、协调能力，并塑造良好的身体体形，从而显著提升身体各个器官的环境适应能力以及免疫能力。但是，因为传统体育教学理念的约束，当前大多数体育课堂教学质量并不明显，部分教师甚至没有意识到体能训练的重要性，这也是当前小学体育教学必须创新、发展的一项重要举措。

一、小学体育教学中体能训练的现状

当前，我国已经有少数的小学已经在定向越野活动中试着应用体能训练，但是对于这些学校而言，体能训练在课程中仍然处于初级形态，主要是因为教师对于体能训练的认识不足，学生对于体能训练的兴趣也并不高，导致大多数小学的定向越野运动并没有针对学生体能建立相应的训练方式。再加上教师的教育经验也严重不足。对此，如何创办具备我国教育特色的小学体育课的体能训练项目是一项非常严峻的挑战。

当前几乎所有小学的体育教学专业课程都受到传统教学模式的影响，最为明显的现状就是教师对学生的教学地位概念含糊，不能够真正地帮助学生实现自助式训练。在教学时，往往出现教师是课堂中心，学生根据教师的要求一步一步走，这样的教学现状也极大地削弱了学生的参与积极性，并且最终的训练结果也不理想。我们调查了某地区小学体育教师（20名）

与学生（100 名）对体能训练的评价。从中可以发现，当前体能训练在小学体育中并不受重视，大多数教师与学生对于体能训练没有正确的认识，这也导致体能训练在体育课堂中无法有效实施。因为小学中的体育课程关于体能训练的教学经验较少，大多都是将理论性知识作为重点。同时，任何形式的体育教育都需要大量的时间进行训练，但是当前许多教师认为体育课程并不重要，其他课程的教师也习惯性占用体育课。这样的现状也必然会导致体育教学质量较低，学生的体育锻炼、体能训练难以达到教学标准，往往呈现为呆板式、盲目式的教育，最终导致喜欢体育锻炼的学生独自进行相关的锻炼，不喜欢锻炼的学生放弃锻炼等现象。由此可见，这种形式的训练方法显然难以达到预想效果，导致我国小学体育教学质量较差，学生对体育课程体能训练的实际掌握能力较差。

二、体能训练

一直以来体育教育者与体育研究者都非常关注"一节体育课程中如何既提升学生运动能力，还能够发展学生体能"这一问题，这也非常符合教学改革、体育课程改革的发展方向。借助体育和健康课程的教学，促使学生掌握发展体能、运动技能，并逐渐养成健康、安全的意识，从而更好地生活成长，促使学生全面、身心协调地发展。

与此同时，新课标中已经指出对于体育课程提升学生体能的具体要求。对此，在一节体育课当中，如何提升学生的体能目标便成为关键问题。相关研究提出，体能体系主要分为两类。体能主要包含无形体能与有形体能，无形体能就是心智能力，而有形体能则是身体结构、身体能力。体能体系可以基本分为两类，日常生活工作和身体健康相关的体能以及动作技能或体育运动能力相关的体能。体能是由人的身体技能、运动素质、心理意志等组成的，是体现人体生长发育的特征。

在小学体育课堂教学当中，教师应当针对当中的各项体能项目进行锻炼，而不是盲目地开展体能训练，只有这样才能真正实现有计划性、目的性的体能训练，体现体育教学意义。

三、小学生体能训练教学质量的优化策略

（一）善于创建教学情境

体能训练是一个较为艰苦的过程，如果采取的训练方式不正确，极有可能导致学生对体能训练形成抵触情绪。对此，教师需要采取积极有效的措施，培养学生对体能训练的参与积极性，促使学生主动、积极地参与到体能训练当中。

在实际的教学中，体育教师需要结合学生的心理特点进行针对性教学。小学生因为年龄较小，注意力往往不集中，这就要求体育教师灵活应用多样化的教学方法，善于创建定向越野教学情境并将其应用于体育体能训练当中，从而激发小学生参与体育训练的兴趣。小学生比较喜欢听故事，喜爱玩游戏，那么教师便可以针对这一特点设计相应的教学情境，并将故事融入体能训练当中，或组织玩游戏的方式，在游戏当中潜移默化地开展体能训练。例如，引导学生两人一组完成"推小车"的游戏，向下做俯卧撑锻炼，或者是往前推"车"，以锻炼学生的上肢力量。

与此同时，学生以做游戏的方式开展体能训练，例如让学生几人分为一个小组，开展"老鼠偷米"的游戏，多个学生当老鼠，并规定一个老鼠洞，在老鼠洞内猫不能进入也不能抓老鼠，并将几个石子作为米，将其放在一个小圆圈的范围内，然后两位同学当猫，让老鼠在规定时间内将米全部偷到老鼠洞内，在老鼠出洞之后猫可以抓，让两组学生通过游戏的方式开展体能的追逐训练。"老鼠偷米"情境式的体能训练能够让学生在运动过程中感受快乐，通过这一种教学方式，能够为学生营造一个良好、轻松、愉悦的训练氛围，促使体能训练更加有情趣，从而激发学生对体育训练的热情和兴趣，促使其能够主动参与到教学当中，积极开展体能训练，实现

最好的教学效果。

（二）体能训练应当注重学生身心健康

小学生正处于身心快速发展的阶段，所以体能训练的教学必须建立在学生的年龄特点上，训练的方式必须科学、合理，并针对训练的效果进行持续的改善优化，侧重于学生的身心健康发展，促使学生的体能能够稳定、持续提高。例如，在"400～600米走跑"的教学当中，教师可以先做示范，引导学生掌握三步一呼、三步一吸的跑步呼吸方式，并注重摆臂的必要性与重要性。

与此同时，可以借助地形，例如学校操场旁的楼梯、球场、草坪等开展400～600米的慢跑，除此之外，如果学校内有小树林等环境，也可以在安全前提下在其中开展体能训练活动，从而有效地弥补体能训练过程中的枯燥、乏味感，提升学生参与体能训练的兴趣，实现最好的体能训练效果。

除此之外，教师需要认识到，小学生虽然可以开展耐力与力量的训练，但是必须严格控制强度和时间。对此，教师必须针对这一特点，根据小学生的实际身体素质，按照小学生身心健康发展的原则开展体能训练活动。

（三）设计符合实情的体能训练方案与目标

想要在定向越野活动中实施高效的体能训练，就必然需要因地制宜，准确定位并科学设计体能训练的最终目标以及实施方案。小学教师应当整合学校的教学资源，从而实现资源的合理共享。

定向越野的体能训练会涉及很多方面，教师在设计体能训练的课程时应当遵循当前小学的实际教学能力，并将训练能力、训练状况进行全面综合分析，调查并论证，从而准确定位小学体育教育，准确定位教学方针，结合小学的实际教育、承受能力，明确教育规模，设计教育目标并制定最佳的教育培养模式。与此同时，应当整合小学的教学资源，全面分析教学资源的可利用性，与当地的企业和相关俱乐部取得联系，向企业或俱乐部求助相关的训练器材，充分发挥各自的优势，实现资源共享、信息互通，优化教学质量。

（四）强化学生对体能训练的参与热情

确保体能训练教育的有效性最佳途径便是提升学生主动性，参与教学的积极性，这一规律几乎适用于任何教学，小学体能训练也不例外。在小学学生本身就对体能训练有一定的热情，对此，教师相对于培养兴趣而言更重要的是保持学生对体能训练的热情。想要有效地保持学生对体育的热情，就需要教师充分理解学生的心理情况，理解学生对体育有热情的原因，从而针对性地改善学生的学习心理。

当前小学学生的年龄为 10 岁左右，这一年龄段的孩子对于竞技训练有着强烈的渴望，渴望经过自己的努力获得胜利从而满足自己的成就感。对此，教师便可以利用举行比赛进行团队性体能训练，教师可以将两个班或多个班组织起来利用课余时间进行体育比赛，比赛的奖励相对而言并不重要，更重要的是学生的求胜欲，适当地激励学生的"战斗"情绪，并将比赛的胜负与健康挂钩，最终实现体能的训练。例如，在实际的小学体育课堂教学当中，教师可以将学生分为两个小组，两个小组成员进行蛙跳＋短跑的比赛，让学生分成两组同时进行比赛，比赛开始，先蛙跳 200 米，然后短跑 800 米，每一位学生完成一组，然后下一名学生接力，通过比赛，让学生更快乐地掌握体能运动的技巧与乐趣。

（五）借助科学教学方法优化体能训练体育教学

善用当前新型的体育教学方法，例如启发式教学、分层式教学。启发式教学主要是在实际教学时，教师启发并引导学生，促使学生充分发挥自身的主体地位，进而保障学生在课堂中得以成长。在使用启发式教学时，教师需要不断地开发学生的思考、思维能力，将健康生活理念充分根植于学生的思想当中。例如，小学教师在实际的体能训练课程教学时，教师可以先做一些示范，然后让学生进行分析、理解训练当中的细节，并在学生脑海当中形成一个基本的形象，然后教师再讲解训练中应当注意的细节，教导学生对该系列训练的注意事项等。最后，教师便可以将学生以小组的形式进行分组训练，让学生找出小组中组员的优缺点，从而实现相互进步的目的。

分层式教学需要尤其注重学生的兴趣爱好、个性等方面。教师在进行教学时，需要充分理解每一位学生的实际能力，从而达到因材施教。例如，体育体能训练教育应当从部分到整体进行教学，实现分层式教学，先教会学生基本的健康锻炼理念、体能训练理念等体育学习的重要性，在学生理解之后再进行结合实际的训练内容进行训练，从而递进地完成整个体能训练。

（六）体能训练拓展于课堂之外

授之以鱼不如授之以渔，在体育课程教学当中，在关注学生体能提升和身体素质提升之外，还需要特别注重学生的自我体能训练意识的形成。对此，培养学生自我体能训练的意识，将体能训练教学拓展到整个生活空间中，有着显著的应用意义。例如，教师可以根据学生的身体素质与个人爱好制定一个针对性的锻炼计划，尤其是在寒假、暑假中，为每一位学生制定针对性的体能训练计划，并提交一份书面的体育作业。借助集体评价和个别辅导等方式，正确引导学生开展体能训练。

在课堂体能训练的基础之上，培养学生参与体能训练的积极性，并引导其掌握正确的锻炼方式，及时进行反馈，不断提高，最终完成自我体能训练，养成体育训练的意识与精神，实现自我督促训练的循环性发展，为今后的工作与学习提供基础。

小学是学生成长阶段中非常重要的一个环节，对于正处于生长发育阶段的小学生而言，行之有效的体能训练策略，能够有效强化肌肉的生长、提升身体协调能力与平衡能力，促使学生的身心、学习持续、健康、全面发展。对此，小学体育教师必须时刻重视小学生的体能训练，不仅仅是课堂中，还有课堂之余，都必须坚持开展体能训练，持续探索全新的教学策略，提高体能，促使学生的身心素质得到提升。

（七）不断优化师资队伍

教学理念对于体育教学的影响甚大，前文已经提到过，当前体育教育受传统教学理念的影响较为严重，小学体育教学方式、教学理念并不完善，教师的教学理念守旧不创新，致使学生的参与积极性较低，给学生提供的教学质量较低，难以保障教学质量。对此，教师需要不断地完善自己的教学素养，提升对体育运动的认识，利用网络、新媒体了解各类型新型的教学理念以及教学方法，并根据学生的实际情况，适当地筛选符合自己、符合学生的教学理念与方法，从而起到提高体育教育质量的目的。

综上所述，在小学中合理开展体能训练需要体育教师具备足够的教学经验以及较多的教学技巧，在教学中与学生进行积极沟通，不断拓展、创新、完善训练方式和方法，例如设计更多符合小学生身体情况的训练项目。在体能训练与阳光体育积极融合的基础上，在场地器材和训练时机上，充分展现一个适应性良好的体育教学条件，从而优化小学体育教学质量。通过这样的教学方式，小学体育课堂必然能够真正实现体能训练。

第三节　中学生的体能训练措施

进入 21 世纪以来，我国教育发展目标是培养德智体美劳全能行人才，体育素质的好坏决定了学生的身体机能优良，因此尤其是高中生正处于身体发育成长期，体能锻炼不可或缺。完善中学生体能训练课程不仅有利于学生自身强身健体，提高自身身体素质，而且对我国培养社会主义接班人非常重要。

我国《国家体育锻炼标准》对于体育课程的工作做出了明确的指示，

体育教学的目的是坚持"健康第一"的指导思想，促进学生健康成长，激发学生的运动兴趣。同时，我国中学生面临着沉重的学业负担，缺少课余活动的自由时间。所以要改善中学生缺乏运动量，身体素质整体下滑的现状，必须要加强学生的体能训练。

一、加强体能训练的出发点

（一）我国中学生的身体素质状况

随着学生成长环境的改善，加上大部分学生为独生子女的现象，学生家长对于学生过于溺爱，导致学生在成长过程中缺乏做家务和体力劳动的机会。同时，升学压力带来的课业负担，学生的课余时间被补习班和业余课程大量占用，进行课外活动和娱乐的机会较少。种种原因导致我国中学生的身体素质整体下滑，其中身体的爆发力、力量、肺活量下降严重。其中部分学生由于缺乏身体锻炼，出现消瘦和肥胖的现象。

（二）强健体魄的重要性

中学生正处在身体发育的关键时期，充分科学的体能训练是学生健康发育的保证。首先，学生在体育运动中可以掌握多种身体技巧，提高身体的协调和敏捷性，通过体能训练还可以强健体魄，锻炼学生的神经系统和心血管系统，增强人的体质和耐力。其次，现代中学生的学习生活节奏很快，通过适当的体育活动，可以帮助学生抒发内心的压抑情绪增强自身的自信心。现代社会对于青少年的压力很大，健康的身体不仅能够增强学生对于压力的承受能力，而且长期的体能训练可以帮助学生提升自身的心理素质，帮助学生克服将来学习工作中的惧怕和厌倦的心理。

二、加强学生体能训练的几种措施

（一）重新认识体能训练的意义

不论是教师、家长还是学生本身，一定要正确地理解体能训练的目的，认识到强健体魄对于学生的长远意义，从而提高学生的运动兴趣，并且得到教师和家长的认可与支持。同时，在认识到体能训练的重要性后，还要对于体能训练的方法和过程有清楚的认识，体能训练不是一朝一夕的事情，是要学生持之以恒坚持不懈的。并且要达到体能训练目的，必须要采用科学健康的锻炼方法针对学生的身体素质情况进行。

（二）开发学生的运动意识

在体育教学中教师要通过充分的理论知识以及先进的训练方式开发学生对于体能训练的兴趣，让学生认识到体能训练对于学习和人身的价值，提高学生的参与意识。同时教师要考虑到学生对于枯燥的体能训练的抵触心理，不断创新教学方法，改变固定的训练模式，在保证训练要求的基础上，尽可能地增加体能训练的趣味性，优化体能训练的教学模式。体能训练的主要内容是针对学生的力量、速度、耐力以及身体柔韧性和协调性进行系统的锻炼。中学体育教师要考虑到学生的承受能力和身体素质，进行循序渐进的体能训练，合理安排体能训练的强度。坚持个性化教学的方式，根据不同学生的体质，制定不同强度的锻炼模式，实现体能训练的可持续性。同时，在开发学生运动兴趣的过程中，根据学生对于不同训练项目的兴趣程度，引导学生培养体育特长，增强体能训练中学生的自主性。

（三）科学的体能训练模式

体能训练的目的是锻炼学生身体，提高学生身体素质。要实现体能训练的目的，必须采用科学的教学方法。中学生处在身体发育的关键时期，自身的可塑性非常高，体育教师要根据一段时间的尝试和观察，了解学生的适应能力和身体潜力，制定逐步发展的体能训练的教学方案。训练强度过高和过低都不能起到提高学生身体素质的作用。科学的体能训练，要从基础做起，打好学生的体育基础，逐步提高训练内容的强度和难度，使学生的身体素质平稳发展。同时不断地挑战和克服困难，可以增强学生的锻炼兴趣，改善体能训练枯燥乏味的情况。

（四）树立学生的自信心

中学生还处在心理成长的过程中，对于压力和困难的承受能力有限。体育教师要认识到情感因素对于学生训练成果的影响，在训练过程中善于发现学生遇到的困难和挫折，在增强学生克服困难能力的基础上对学生提供适当的帮助。同时，根据学生的训练进展，制定科学合理的考核制度。对学生进行全面的体能考核，改善教学的方法，督促学生锻炼。在此基础上，还可以让学生清楚认识到自身的成长，教师给予学生适当的表扬和勉励，还可以帮助学生不断提高参与的热情。重要的是，体能训练的意义不仅仅是帮助学生获得一个健康的身体，在体能训练的过程中，学生不断地遇到困难，并且不断克服困难，长此以往坚持下来，既培养了学生持之以恒坚持不懈的品质，也为学生树立了良好的自信心，帮助学生克服以后人生中的各种困难。

（五）构建科学的评价机制

评价是教学过程中信息交流的有效方法。在进行评价时，教师要多用鼓励性言语，激发学生学习兴趣；评价的目的就是为了提高教学效果，因此在构建评价机制时一定要注意教学效果，不能将鼓励和惩罚作为唯一的教学手段。在高中学生体能训练时要安排一些阶段性的体质测试和技能评价，此时让学生明确自身身体机能以及掌握体能训练技术的具体情况，只有这样，学生充分了解自身，才能使以后体能锻炼目标更加明确，进而使体能训练效果达到最佳。

综上，加强中学体育课程中的体能训练，对于正在茁壮成长的中学生有着非常的意义。强健的体魄和良好的心理素质都将是学生受用一生的资本。中学体育教师要本着对学生负责的心态，不断创新教学方法，善于积累教学经验，通过科学的教学方式，做好体育教学中的体能训练项目。同时，中学生的体能训练是一项长远的事情，体育教师自身也要具备积极的心态。

第四节　大学生的体能训练措施

一、高校体育教学中的体能训练问题

一般来讲高校大学生的体能训练，是指采用科学合理的训练方案，对大学生的速度和耐力、柔韧度以及力量等诸多方面的科学训练。体能训练是提升大学生身体素质的重要途径，当前我国高校在体育教学中的体能训练效果不佳，训练科目简单、无序，缺少理论知识的指导，训练方案、方式、方法都差强人意，与西方发达国家大学相比起步晚、落后明显。

（一）体育教学中对体能训练重视不够

在我国，由于许多高校在体育教学中对体能训练的重视程度不够、起步较晚，导致我国高校大学生的体能较弱，无论是体力、耐力、爆发力、速度、柔韧度、力度都不尽人意。在高校中许多体育教师对各种运动项目的特点和体能训练的科学方法把握不清、认识不足，重视不够、指导不力，这就严重地影响了体育教学中其他技能、技巧运动项目的学习和研究。而体能训练又是一切体育运动项目的基础和前提。故而，加强对大学生体能训练的重视就显得十分重要。要抓好高校大学生的体育教育，首先必须明确体能训练对提高其身体素质的重要性，这就要创新体能训练的方式、方法，优化体能训练方案。其次，是高校在体育教学管理上要强化体育老师在体能训练中的指导作用。在高校体育教学指导大纲的制定上要把体能训练的目的、目标、考核标准、考核办法、奖励惩罚措施规定得详细、清楚，使体育教学中的教师能够用科学的方法、巧妙的训练手段、愉悦的训练途径去想方设法增强学生的体质并提高学生的体能。传统的体育教学只是重

视体育项目技巧、技能的培训，对学生体能训练力度不够、方法简单，学生学无兴趣，教师教无耐心，很难达到锻炼学生的体能和其身体素质培养的体育教学目标，造成学生对运动缺少兴趣。教师在授课过程中对教育训练科目、内容制定得不科学、不详细，双方配合不默契，导致体育教学没有多大实际效果。许多体育教师对高校体育训练观念落后并存有误区，在体育教学中往往只重视运动技巧和动作的正确与否，忽视了对学生体能的训练和强化，把体能的训练错误地认为就是运动项目技能、技巧的训练，在体能训练上认识不清、目标不明，这是高校体能训练上普遍存在的问题。

（二）体能训练和运动技巧、技能培训没有完美地结合

在高校中实施素质教育，就必须有体育教育、体育教学、体育锻炼等实践活动的开展，而体能训练又是青年大学生素质教育的动力和重要载体，也是素质教育的重要内容、形式和手段。体能训练在青年学生的素质教育中的地位和作用，是任何教学手段都代替不了的，体能训练是大学生成长成才的物质基础。体能训练能增强他们的体质，培养他们的竞争意识，激活他们的进取精神，赋予他们顽强的意志、坚韧的品质，陶冶他们高尚的情操，使他们有一个强健的体魄。在实际的体育教学中，体育教师如何对大学生进行科学的、人性化的体能训练就成了体育教师思考的关键。对于定向越野，一些体育老师往往凭自己喜爱、凭自己拥有的经验授课，而忽视大学生自身的感受以及实际的身体素质、体能状况。圣人云："有教无类，教学相长。"要知道，学生才是教学的主体，才是教育的主角。体育教师在具体的体育科目训练中起到的是辅助与指导作用。有的体育教师给学生上篮球、足球、排球等选修课时，往往上课前就是热身慢跑几下，之后就匆匆进行专业运动技能、技巧的教学或者训练。学习的运动项目不同，体能训练方案也应该不同，只有制定科学的训练体能的方式、方法才能有效地提高体能训练效果。可见，实际的体育训练方式简单僵化、不切实际，不了解学生的实际状况，不针对具体的运动训练项目制定不同的体能训练

计划方案，就不能有效改善高校学生体能训练的效果。

二、大学生体能训练的优化

（一）体育教师的素质高低是学生体能训练好坏的关键

体育教师在体育教学中依然承担着传道授业解惑的重大使命。教师是学生体育课的教授者、课堂活动的组织者，体育教师的体育水平、授课能力、师范技巧、训练方法、对学生错误动作的纠正能力都将直接影响到学生体育课程的质量、学生的学习效果。"打铁还需自身硬"，作为体育老师要树立高度的事业心、责任感，要不断更新体能训练内容，革新体能训练方法，创新体能教学手段，不断地汲取新的体能训练理念，不断地学习新的体能训练理论，掌握体能训练的概念方式、方法，在对大学生的体能训练上要有科学的计划、严密的组织、有序的指挥、有效监督并按需调节训练强度。只有这样，才能在体能训练上获得较好的训练效果。还要仔细研究有关体能训练的心理学、运动心理学、运动生物化学等丰富自己体能训练的科学知识。在对学生体能训练的过程中要始终贯彻一个理念，那就是体能训练安全第一，特别是安排强度较高、难度较大的体能训练科目时，要求学生要做好体能训练前的准备工作，如先简单活动一下手、脚、腿等人体的各个关节。在我国高校体育教学中对体能的训练意识较差，学校领导对此不予重视，加上体育教师繁重的教学任务，一个体育老师通常要教几个班级的学生，很少有机会对学生进行单独的体能训练。体育课上的运动项目的技巧、技能的培养目标尚不能有效完成，对学生体能的训练更是心有余而力不足。因此，高校要想学生体能教学效果良好，就要重视体育老师，重视对体育老师的培养和呵护，稳定他们的思想情绪。体育老师也要不辱使命，努力学习，掌握、更新体能训练的方式、方法、技能、技巧，从思想上重视对学生体能的训练。

此外体能训练还要考虑到个体的差异，不同的体质要采用不同的体能训练方式、方法，做到体能训练人性化管理，才能让学生在体能训练上事半功倍。

（二）提高学生的训练兴趣，科学安排训练科目

体育教学是实现素质教育的重要手段，也是素质教育的必然要求。体育课中的体能训练也是提高学生素质的重要内容。体能训练项目讲解时要内容清晰、目的明确，示范时要身心结合、"表演"到位。体能课程安排要科学合理，按照先易后难、运动量要先小后逐步加大，体能训练技巧、技巧要先分解、再组合、先简单后复杂有序进行，要让每个学生学会体能锻炼的方法、方式，且不可急功近利凭个人对体能训练项目的喜好程度无序进行。

"学高为师，道高为范。"体育老师还要在平时以及上体育课时注意自己的着装、言语、动作行为，加强自己的教学业务能力和品德修养，给学生树立一个良好形象，得到学生的信任和认可，用自己的人格魅力激活学生爱好体育的兴趣正能量，使用趣味性较强的体能训练方法和大家都喜闻乐见的体能训练方式，诱导他们积极参与并获得成功，让他们在分享成功喜悦的同时，也无形中培养了他们对体能训练的兴趣。对体质孱弱的学生要灵活机动地依据他们的身体素质、运动能力适当降低他们的体能训练强度，让他们也能分享到自己体能训练成功的喜悦。

让每个学生都能觉得我能、我行、一切皆能完成，鼓励是激发学生潜能的重要武器，对学生体能训练活动中哪怕是一点成绩也要给予鼓励表扬，经常用激励机制能让学生们爱好体能训练、喜欢运动，借以达到体能教学的目的。

"罗马不是一日建成的"，强壮的体质不是短时间就可得到的，往往需要经常的、长期的、科学合理的体能训练才能获得，要让每一个学生都懂得这个道理。体育教学中要阐明体能训练与体育素质提高的相互关系，使他们端正体能训练态度，树立长期的体能训练观。在体能训练时根据不同的训练对象、不同的体能项目选择训练内容，使学生在掌握专业运动项

目技能的同时，也锻炼了体能，强壮了体魄，提高了身体素质。

三、大学生体能训练的方式、方法

（一）提高速度的方式、方法

从某些方面讲速度是人体体育素质高低的象征，是许多动项目强弱的标志，特别是田径比赛中速度是第一位的，体能训练时对速度的锻炼要放在最重要的位置。任何的体育体能锻炼，速度、力量的训练都是王道，体能训练时可以结合运动技能的训练进行，譬如对速度的训练可以结合障碍跑技巧的训练，既提高了学生的快跑能力，也让他们的障碍跨越能力大有提高。

（二）提高耐力的方法与途径

提高耐力是体能训练的重要目的之一。体能训练中的耐力素质训练是十分必要的。耐力训练可以提高学生的肺活量、身体的输氧能力。体能训练中经常进行耐力训练，可以有效提高学生的身体素质，培养其坚强的毅力和勇于进取的精神。对耐力的训练可以采用负荷的方式训练，依据学生个体的差异使用不同的训练强度，逐步提升其身体的承受能力。

（三）力量和灵敏能力的训练技巧

力量和灵敏能力是学生体能的重要表现形式。因此，力量训练是体能训练的基础环节，是运动技术的良好保证，是体能训练的根本。训练方式可以采用每天固定上下跳、快停急跑的形式进行。许多专项体育运动项目往往需要动作快速、灵敏、准确、应变能力强等特质，训练灵敏能力可采用学生跑步、跳跃训练，然后逐步加大运动量，借以提高学生的灵敏能力。

四、改进大学生体能训练的策略

（一）坚持循序渐进的原则

对于普通高校的大学生而言，由于他们很少积极主动地参加体育运动，也缺乏必要的锻炼，所以其体能状态不是很好，对此，在高校体育课体能训练中，教师要切记不能操之过急，要坚持循序渐进的原则，在体育课堂上合理地安排体能训练时间，在体能训练量、技术动作等方面也要坚持从少到多、从易到难的原则，这样才能保障学生体能的有序提高。在实际训练过程中，教师还需要注重体能训练的系统性，采用系统、科学的训练方法，保证训练负荷、训练强度的系统性。

此外，在体育课中，教师在开展学生体能训练时，还要注意不能只提高学生的某项身体素质，而要保证学生身体各项机能的协调发展。因为如果提高学生的单项身体素质，会对学生的运动能力平衡性造成破坏，从而影响到学生身体机能的协调发展，这就会造成学生训练中，身体机能处于一个异变状态，对学生体能的提高造成极大影响。因此，实践中必须保证学生体能的协调发展，这样才能获得良好的训练效果。

（二）注重训练的个性化

在普通高校体育课学生体能训练中，如何将学生的个性特点和身体训练、运动技能提高结合在一起是每一个体育教师思考的重要问题。对于学生体能训练的科学化，其关键的一个指标就是实现学生个性特点和身体训练的统一结合。因此，在实际中，体育教师在制定学生体能训练方案时，必须对学生的个性特点进行充分考虑，针对学生的个体特点，采用个性化的训练方法，这样才能保证学生个体整体水平的快速提高。一般而言，学生的心肺功能、神经系统功能、代谢功能、心理素质、运动水平、运动技术、意志力、承受负荷训练能力等都有一定的区别，而这些因素会对学生的体能训练造成极大的限制，所以普通高校体育教师在体育课堂上，对学生进行体能训练时，一方面要结合项目特征的训练共性，另一方面还需要对学生的客观情况进行深入分析，从中选择良好的契合点，在整体训练的基础上，对学生进行个性化指导训练，以此提高学生的体能水平。

（三）注重学生身体的适时恢复

从运动训练学的角度看，在普通高校体育课学生体能训练中，要及时消除学生训练中产生的疲劳，并利用生物适应过程中，产生超量恢复，从而达到提高学生肌体能力的目的。在训练过程中，教师需要准确地判断学生的疲劳程度，这样才能保证学生的适时恢复。由于普通高校体育教师面对的训练对象是全体学生，因此，教师需要通过外部观察、学生的自我感觉进行判断，教师在发现学生出现疲劳现象后，要及时采用各种机体恢复措施，并利用营养学、医学的手段引导学生进行适时恢复，保证学生的身体具有良好的恢复效果，从而促进学生身体体能的提高。

总之，良好的体能训练是高校大学生素质提高的关键，是定向越野取得好成绩的王道，是高校体育教学效果提高的基石。因此，优化体能训练方式、方法、方案，创新体能训练手段，在体能训练上采取人性化管理，才能让每个学生都能体验到体育学习成功时的快乐，感悟生命的意义，体会体育训练的魅力，才能让高校体育事业之花开放得更加艳丽多彩。

第五节 定向越野体能与技能的"一体化"训练

定向运动是一项集智能与体能于一体的时尚运动，在国际上被称为"智者"的运动。定向运动通常在野外森林进行，也可在城市的近郊、公园和较大的校园等各种地形进行。参加定向运动必须有定向地图，在定向地图上标有定向运动路线，一条定向路线一般包括一个起点用三角表示，一个终点用双圆圈表示和一系列的检查点用单圆图表示。

定向运动融健身性、知识性、趣味性和国防教育性于一体。非常适合在大、中、小各级各类学校开展，经常参与参加定向运动不仅能强健体魄，还能让学生在轻松愉快的游玩过程中增长识图、用图知识，同时对培养学生独立思考能力等非智力因素还具有独特作用。

一、运动技能的形成与定向越野的运动技能

运动技能又称"动作技能"，指人体运动中掌握和有效地完成专门动作的一种能力，包括大脑皮质调节下不同肌肉群间的协调性，即指在空间内正确运用肌肉工作的能力。按条件反射学说的观点，是一种复杂的一个动作接连一个动作的肌肉所感觉的运动条件复射。它的形成要经历肌肉感觉不明、分化、巩固稳定和自动化的过程，而这几个过程前后相连，在运动条件反射形成过程中逐渐过渡。运动技能的形成和发展受许多因素的影响，如教学训练的方法、运动员的训练程度、学习目的性和自觉积极性以及身体健康程度。

运动技能是人类一种习得的能力，是人类有意识、有目的地利用身体动作去完成一项任务的能力。它以随意运动为基础。运动技能包含有动作成分，但并不是说动作就是运动技能。动作是人体的一种空间造型以及驱动这种空间造型的内部冲动。只有当人们利用一组动作去完成一项具体任务或解决一个问题时，如利用一组身体动作去表现情感（舞蹈）或组装一个机器部件，人们这时的活动能力才被称作运动技能，也就是说运动技能是一种有意识、有目的的活动能力。

一般认为运动技能的形成可以分为操作定向、操作模仿、操作整合与操作熟练四个阶段。

操作定向即了解操作活动的结构与要求，在头脑中建立起操作活动的定向映像的过程，学习者必须了解做什么、怎么做的有关信息与要求，形成对动作的初步认识，即首先要掌握与动作有关的陈述性知识与程序性知识。

操作的模仿是在模仿阶段则试图尝试做出某种动作。模仿的实质是将头脑中形成的定向映像以外显的实际动作表现出来。

操作的整合即把模仿阶段习得的动作固定下来，并使各动作成分相互结合，成为定型的、一体化的动作。

操作的熟练指所形成的动作方式对各种变化的条件具有高度的适应性，动作的执行达到高度的完善化和自动化。自动化并非无意识，而是指它的执行过程不需要意识的高度控制，可以将注意分配于其他活动。操作的熟练的内在机制是在大脑皮层中建立动力定型，即大脑皮层的概括的、巩固的暂时神经联系。

定向越野的技能，就是指在野外环境中迅速准确，运用地图和指北针，判定方向，选择路线，以最短时间到达目标点的能力。一般可以通过识图训练、用图训练和模拟比赛的方法来提高。

其中模拟比赛的训练是最为重要的技能训练方法，在识图和用图训练的基础上这种训练更能快速地提高练习者的运动技能和比赛经验。这也就是运动技能形成过程中的操作的熟练，反复地模拟定向比赛的训练，使内在机制在大脑皮层中建立动作定型，形成高度的完善化和自动化。在定向比赛训练中对站立点与点标的方位判断更加迅速、准确，对奔跑路线的选择更加安全、省时、省力。

二、定向越野体能训练的特殊性

定向越野的体能训练，是为了让身体贮备足够的能量以满足比赛的需要，它不像田径项目中的中长跑训练和比赛，有固定的距离、标准的场地、同样的气候条件，赛前就可以计划出每圈的速度，以达到理想的目标。每个专业中长跑运动员都有自己的稳定的跑的节奏，可以计划出体能的分配。定向越野是在野外复杂地形上越野跑，绝对没有相同的路程，迈出去的每一步所遇到的路况都不一样。所以在进行体能训练时，可以参考中长跑训练的手段与方法，来提高运动员的心肺功能。看上去训练的套路相似，但本质不同，完全按照中长跑运动训练的方法，是培养不出优秀的定向越野运动员的。该怎么练，这就要打破已有的中长跑的节奏，建立新的节奏。这种新的节奏，完全是为了适应越野跑的需要，它包括的内涵远远超出中长跑的内涵，这种节奏其实可以称作定向越野跑的内在规律，其外在表现是在不同地形上采用不同的奔跑方法，而在各种不同地形上的跑法是有各自的规律的。

在定向比赛中，跑况瞬息万变，不知道前方会遇到什么样的困难，就连将要迈出去的每步都有可能发生意外，一脚踏空，一脚踏上活动的石块，一脚踏上尖利的树桩，等等。所有这些都会给比赛造成时间上的延误，甚至受伤，退出比赛。针对这些情况，在训练中有针对性地提高运动员的应变能力，最大限度地避免受伤。

全面提高运动员的身体素质，仅仅能跑步不行。训练中穿插一些篮球、足球练习，以提高队员的变向跑能力；进行简单的体操练习，用组合训练法提高队员的综合能力。例：5 个俯卧撑——立定多级跳——沙坑中纵跳20 次——翻越障碍物——负杠铃——左、右单跳各 15 次——原地高抬脚30 次——跳上箱顶——双脚落地跳下——再跳上另一只箱顶——单脚落地跳下——助跑两步跨低栏 3 个（栏间两步）——下栏后 30 来冲刺跑。这种训练以在规定的时间内，如一个小时队员能完成几次，来衡量队员的水平及综合能力的提高与否。在组合的具体内容上可根据现有训练条件进行调整，项目数量上可增可减。

显然这种专门的定向越野的训练方法已充分考虑了定向越野运动的特殊要求。然而，把体能训练融入强化定向技能的模拟比赛训练过程，也就是定向越野专项体能的最有针对性的体能训练。专门进行体能训练似乎显得费时又不省力，二者的结合的"一体化"训练则可以大大提高训练的效率。

三、"一体化"训练与非"一体化"训练的对照实验

我们在训练时间一样的情况下，将学生随机分成 A、B 两队，按不同的

训练方法进行。A 队采用传统的训练方法：体能训练和技能训练分开进行；B 队采用"一体化"的训练方法。

利用某一次定向联赛，两队实验队员各选 10 名男队员参加，同在中距离比赛组，在公平、公正的定向比赛中，以比赛成绩来比较训练的结果。

定向越野比赛的成绩评定标准：首先是完成比赛，也就是说正确打完比赛要求的所有检查点；在此前提下用时短的比赛者为胜。

从两组队员比赛打点的准确率来看：A 组队员明显低于 B 组，B 组队员比赛成绩比较稳定，打点准确率较高。

从比赛用时长短来看：A 组队员出现两极分化，但优秀的队员偏少；B 组队员成绩分布正常。

通过以上对定向越野运动的体能和技能的训练方法和内容的理论分析，以及通过两组队员的对照实验结果的数据分析，可以让我们清晰地看到两种训练模式带来的不同结果。定向越野体能与技能"一体化"的训练模式的探究，为定向越野运动的训练找到一条简单而又实用的训练方法，希望能够让从事定向越野训练的教练老师们从中受益。

第七章　定向越野中体能训练的控制

第一节　定向越野运动前的热身活动

定向越野运动准备活动的内容，一般有快走、慢跑以及原地连续性徒手体操等全身性活动形式。在开始运动前，首先应进行身体全面的、一般性的准备活动，如身体自上而下的各关节活动，包括环绕、拉韧带等。这些活动能使四肢关节活动度加强，肌肉的黏滞性能降低，有助于一般性运动能力的提高。

热身活动的主要目的就在于让身体的各运动器官、内脏器官做好准备，使机体逐步地进入活动状态，并在此基础上通过各种预备练习，进一步提高中枢神经系统的兴奋性，使身体发热，达到适宜的运动水平，同时也可以有效地预防运动创伤的发生，从而达到较好的效果。

然后要进行一些专项准备活动，如起动步法及前后左右各方向的步法跑动练习，还有就是专项的加速跑等。准备活动的量与时间要控制好，不能不动，也不能太猛，应以身体觉得发热、微微出汗为最佳。通常时间一般安排 20 ~ 40 分钟为宜。准备活动做完后，离比赛开始或锻炼的间歇时间不能过长，否则会失去准备活动的意义。

另外，运动后的整理活动也是十分重要的一个环节，运动后就直接回去了，其实这是极不科学的。运动后进行适当的整理活动，可以加速运动过程中代谢产物的清除，加速体力恢复，使身体有一个逐步的过程恢复到正常状态。整理活动的主要内容一般可以进行慢跑或步行，也可以进行一些全身的伸展练习和柔软体操，还可以做一些自我抖动肌肉的放松动作。

总之，运动前的准备活动和运动后的整理活动都是参加定向运动十分关键的环节，应该引起大家的注意。

一、放松肌肉练习

用 5 ~ 10 分钟时间来活动你的关节和肌肉，尤其是你感到冷的时候或在车里太久了。动作要慢，控制好动作节奏，身体各个部位要在不同的方向活动多次，直到身体每个关节都舒展开来。

活动踝关节：先按顺时针方向扭动踝关节，然后逆时针方向，接着再换另一只脚。无论你是站着还是坐着都可以练习。

髋部运动：可利用支撑物单腿站立，另一条腿稍抬起，膝关节向内移动，带动髋部向内旋转，然后再向外，尽量加大幅度。做完之后，再换另一条腿做。

背部运动：双脚分开站立，与肩同宽，向右缓慢扭动上体，然后向左。髋部始终对着身体的前面，脚跟不能离地。两个方向重复旋转。

提踵练习：双脚分开站立，与肩同宽，轮流抬起两脚脚跟，脚尖不能离地，缓慢提高动作速度，直至达到慢跑的速度，保持这个速度 30 秒钟。

二、走和慢跑

在此过程中，你要通过走或慢跑来提高心率，增加肌肉供血量，升高体温。如果可能的话，你可以在去赛场的途中做这些准备活动。注意要循序渐进，逐步提高走、跑的速度，在这个阶段里，不可以以比赛的速度来跑。

三、静力性伸展运动

这是比赛前所要进行的最后一部分活动，这应该是养成习惯性的动作，不要到最后比赛时才做，时间太短就不能充分做好伸展运动。

你的目的是伸展你的肌肉，并消除肌肉紧张。身体必须在充分伸展后，才可以参加比赛，否则会很容易受伤。充分地伸展肌肉可以使你在比赛中减少受伤的风险。在拉伸肌肉的过程中，动作要缓慢，不要过于用力，一般持续30秒钟。不要时间太长，防止产生疼痛，避免剧烈运动，否则会导致肌肉或关节损伤。

动作要领：在运动前拉伸肌肉可以消除紧张，运动后起到放松的作用。无论你是否运动，都可以尝试着每天做拉伸练习。

小腿拉伸：倾斜靠在支撑物上，前脚离支撑物45厘米，后脚向后60厘米，后背绷直，向前移动臀部直到感觉小腿有不适感。静止片刻，慢慢回到开始位置。两条腿分别重复练习。

大腿拉伸：两手臂支撑身体重量，左腿向前移动直到膝盖位于脚踝的正上方，后腿膝盖着地。前腿大腿向前移动并静止片刻，然后慢慢回到开始位置，重复练习。做完之后，再换另一条腿练习。

腿部韧带拉伸：坐在地上，伸出右腿，左腿自然放在右腿旁。右脚踝着地，用两手抓住靠近脚踝部位，以髋部为轴，上体前倾。腿要伸直直到你感觉到大腿背面被拉长。静止片刻，缓慢回复到开始位置，然后重复这个动作。换一条腿练习。腿始终要保持绷直状态。

大腿屈肌群拉伸：单膝跪地，慢慢向前移动髋部，直到感觉大腿背面肌肉被充分拉伸，始终保持前腿膝盖在脚的上方，静止片刻，按这个动作两腿分别重复练习。

股四头肌拉伸：单腿站立，另一条腿弯曲，并用手抓住脚踝，身体不要前倾，脚贴近臀部。保持膝盖正直，不要歪向一边。做完之后，换另一条腿重复练习。

第二节　定向越野体能训练的恢复措施

恢复是定向越野体能训练中不可分割的一部分，运动后的恢复与训练中的负荷有同等重要的作用。没有负荷就没有疲劳，没有疲劳就没有训练，没有恢复也就没有提高。

一、训练课上的恢复

这种恢复手段，在现代运动训练中，已引起重视，它是传统的训练后的恢复手段，能及时消除高强度负荷给肌肉系统带来的逆转变化，迅速恢复肌肉系统内正常的 PH 值和其他生化值的正常范围。

从理论上分析：肌肉的各种生理机能并不是在肌肉高强度训练后立刻恢复的，在课上做一些整理活动也是非常必要的。整理活动通常以做一些肌肉放松、抖动、伸展和拉长为主的练习，时间一般为 10 ~ 15 分钟为宜。

实验证明：做整理活动比不做整理活动血乳酸的消除较快，乳酸消除的半时反应仅为 11 分钟，即 11 分钟乳酸就可消除一半。而不做整理活动，完全休息时乳酸消除的半时反应需要 25 分钟。所以，课上的整理活动是消除血乳酸的重要且有效的手段之一。

二、课后的全面恢复

根据定向越野体能训练和比赛的特点，运动员的恢复应是全面的、系统的。定向越野体能训练是大负荷、高强度的运动项目，因此，训练后对肌肉系统的恢复有着重要的意义。

（一）常采用的恢复手段

定向越野体能训练常采用的恢复手段有以下一些：

温水浴。温水刺激，可放松肌肉、安抚神经。温水浴的水温以42度±2度为最适宜，淋浴时间一般为10～15分钟，最长不超过20分钟，每天不要超过两次。

推拿按摩是通过身体各种信息反馈，来保持人体的内环境的相对稳定，实际上可概括为信息自控与反馈系统。应用反馈控制原理，利用一个系统或一个部位的穴位达到治另一个部位疾病的方法。定向越野训练下肢承受的负荷大，肌肉疲劳出现得早，训练后对下肢肌肉的疲劳恢复更为重要。

（二）心血管系统的恢复

定向越野训练对心肺功能要求很高，青少年的心血管系统正处于发育之中，许多功能不及成人，因此训练后对其的恢复是非常重要的。常采用以下一些方法：

负氧离子。这种方法是用负氧离子发生器进行恢复，在室内通过负氧离子发生器生成大量负氧离子，人体吸入呼吸道后，通过神经反射、体液机制对机体产生影响。

气功放松。主要是通过人的主观努力，以达到肌肉放松、精神安定、思想入静，并有意识地控制呼吸，从而达到调节生理功能，恢复和增进身体健康的效果。此外在紧张的比赛或大运动量训练后，在舒适、幽雅的环境中听一些音乐对消除精神上的疲劳会有特别良好的作用。

中药。可利用中药来提高机体的能力，抗疲劳的研制，在国内已广泛运用，如人参、田七、花粉、冬虫夏草、银耳、刺五加、灵芝、枸杞子、蚂蚁、当归等制成口服液，在训练中长期服用，有增强体力、促进新陈代谢、消除疲劳、提高机体能力、让人精力充沛的作用。

（三）心理恢复

青少年运动员在训练和比赛中往往会遇到困难、挫折甚至失败，由此引起较大的情绪波动造成心理上的不稳定状态。运动员抵抗疲劳的能力，与运动员的个性特征、情绪态度和意志品质有着密切关系。训练中如果运动员的态度积极，情绪良好，可以延缓疲劳现象的发生。尤其运动员的意志品质在定向越野训练中起着重要作用，这就要求运动员必须有积极的态度，顽强的毅力，努力克服由于疲劳而产生的痛苦和厌倦情绪。同时可采用：淋浴、自我暗示法、建立正确表象法、娱乐法、气功等转移注意力的方法，冷静地对待这些不利因素，以求尽快恢复正常情绪。

（四）科学膳食

青少年处于生长发育时期，体内代谢旺盛，对各种营养素的需要量相对比成人高。加之青少年在大运动量的训练时，要消耗身体大量能量，因此训练后必须有足够的营养补充。如果营养不良或缺乏营养必然会影响青少年运动员的健康，不能保证运动员的正常训练。所以，科学的营养是青少年运动员健康运动能力的保证，也是影响青少年运动员身体素质和成长的一个关键因素。营养与青少年运动员的训练水平、机能状态、承受负荷能力、恢复过程都有直接的关系。青少年正值生长发育时期，所以对蛋白质的需要量较多，各种氨基酸的需要量按体重计算均较成人为高，青少年运动员的进餐时间必须与训练和比赛的时间有一定的间隔，进餐时间应有规律，否则易引起消化机能紊乱，并将严重影响青少年的运动训练和练后的疲劳消除。

第三节　运动素质的转移

长期的运动实践和科学研究证明，各运动素质的发展，彼此有密切联系，存在转移关系。所谓运动素质的转移是指，当发展一种运动素质的同时，对其他素质的发展也有影响。运动素质的转移内容不同，效果也不同。在发展运动素质时，如果训练方法科学、手段得当，各运动素质之间，将出现相互促进的积极的一面；反之，则出现相互干扰的消极的一面，我们学习和研究运动素质的转移的主要目的就在于，在体育教学、运动实践中注意充分利用其相互促进的积极的一面，排除其相互干扰的消极的一面。以加速运动素质的发展。因此，它关系着体能教学和运动训练的内容、方法，手段的选择和安排等一系列的问题，而直接影响到教学、训练的效果。所以，学习和运用运动素质转移的知识，对于体育教师、教练员是具有重要意义的。

一、运动素质转移的分类

运动素质转移可分为良好转移和不良转移。良好转移是指一种素质的发展能导致另一种素质的提高，例如动力性力量的发展能导致速度素质的发展。不良转移是指一种素质的发展不能促进另一种素质的提高，甚至会对另一种素质的发展产生不良影响。例如，发展力量的练习练多了，就可能导致耐力水平的降低。

素质的转移还可分为直接转移和间接转移。直接转移是指一种运动素质的变化能直接引起另一种运动素质的变化。例如，腿部伸肌运力性力量水平的提高，可对跑的速度提高产生直接积极影响。间接转移是指一种运动素质的变化不能直接引起另一种运动素质的变化，而只能起间接作用。

不论是直接转移还是间接转移，都有同类转移或不同类转移。同类转移是指同一运动素质转移到不同动作上。同类转移大量体现在发展一般耐力的练习中，如心血管和呼吸系统发展得好，就能在许多练习中表现出来。非同类转移是指不同运动素质之间的转移，如耐力和力量素质之间，耐力和速度之间的转移，等等。一般来说，非同类转移的数量比较少。

素质转移还有单一和相互之分。发展移动速度可提高反应速度，而发展反应速度则不能提高移动速度；发展力量素质可提高速度素质，而发展速度素质也可以提高力量素质。前者的影响是单方面的，后者则是相互的。

二、运动素质之间相互转移和干扰的原因

为什么有些运动素质之间能相互转移，而有些运动素质之间则相互干扰？科学研究和实践证明，全面协调地提高身体素质，能使各素质相互间起积极良好的转移作用，若单一片面地发展某一素质，则对其他素质的发展起干扰作用。这是因为人体是有机的统一整体，人体各部位、各器官系统的机能和各种运动素质，都是相互联系、相互制约的，机体某一部位、器官系统机能和某一运动素质的提高是建立在机体各个部位、器官系统机能和各种运动素质全面提高基础之上的。某一方面的发展或不足，势必促进或影响其他方面的发展，如力量素质的增强，同时也会有利于速度的发展；呼吸、循环系统不够强，也会影响速度和耐力的发展。身体素质的全面发展，不仅为提高专项所需要的身体机能打下了牢固的基础，而且为专项运动素质的充分发展和掌握、改进、提高专项运动技术创造了有利条件。由此可见，是全面还是片面提高身体素质，是促进或干扰运动素质相互转移的主要原因。

在发展和提高运动素质的过程中，由于训练方法不科学、选择手段不得当，是妨碍运动素质良好转移、导致运动素质相互干扰的又一重要原因，大体上可概括为以下四种：

（一）各种运动素质练习搭配不合理

如力量素质与速度素质在同一次训练课中可以同时出现，因它们有相似的生理学基础。而力量素质与一般耐力素质不宜安排在同一次训练课中，由于生理机制上的矛盾，它们互相干扰的现象往往表现得较突出。无论是先练力量再练耐力，还是先练长跑再做力量练习效果都不佳。

（二）不能根据专项与对象特点，有针对性地发展运动素质

对不同的对象，采用不同的方法进行同一练习时，所发展的素质也可能是不同的。如60米快跑，对水平低的主要是发展速度素质，而对水平高

的进行反复多次练习时，则主要是发展速度耐力。举杠铃练习，如用极限或接近极限负荷举 1 次或 2 ~ 3 次，主要是发展绝对力量，如用较轻负荷、增多举次，则主要是发展力量耐力了。

（三）不能依据训练水平的不同合理安排

各种运动素质的相互关系，在训练的初级阶段主要表现相辅相成的一面，互相干扰的一面表现不甚明显，不管采用什么训练方法，各素质往往相应提高。随着训练水平的提高，各素质相互干扰的一面表现得逐渐尖锐起来。

（四）未能合理分析素质练习的动作结构

在练习中，动作结构和特点基本相同的练习，对运动素质的良好转移起重要作用，如走和跑之间一般是耐力素质的转移，这是因为在大脑皮层中所形成的运动性条件反射是基本一致的，而动作形式和动作实质不同的练习，各素质之间则容易出现相互干扰。

三、加速运动素质转移的主要方法

体育教师和教练员要了解和掌握运动素质转移的知识，科学地选择训练手段。全面协调地提高身体素质，不要单一片面地采用某一练习，练习的内容可以多种多样，包括各种体操练习、短跑、中长跑、跳跃、投掷、负重练习和各种游戏，等等。

在训练课中要注意合理安排各种素质的练习顺序。速度素质练习，一般安排在准备活动后精力最充沛的前半部分进行。耐力、力量练习一般放在训练课的后半部分进行，而灵敏、柔韧练习，则可穿插安排在课的相应部分进行。应注意在做完力量练习后，做些放松练习。做完耐力、速度练习后，可采用积极性休息方式。在做完柔韧练习后，要适当做些放松或相反方向的练习等。

在素质训练中要有意识地结合专项特点和个人需要，在技术训练中要有针对性地发展必要的素质。

在发展运动素质练习前，应使运动员在思想和身体上做好充分的准备，从生理学的角度看，运动素质的发展和有机体的机能状态有密切关系。当神经系统和内脏器官没有充分动员起来，身体缺乏必要的协调性，肌肉温度没有提高的情况下，对提高身体素质非常不利，如准备活动做得充分，不但可以提高中枢神经系统的兴奋性，同时也带动植物性神经系统大大提高兴奋和灵活性，从而提高机体的运动能力，促进各项素质的良好发展，并且还能防止发生运动损伤事故，如肌肉拉伤等。

要抓紧发展各项运动素质的"敏感期"，只有这样，才能为加速各项素质的转移打下良好的基础。比如，初中一、二年级阶段（10～13岁）的学生神经过程传导快，体重轻，是发展速度和灵敏素质的敏感期；小学阶段（7～10岁）的学生关节软骨厚，关节灵活，韧带、肌肉伸缩性好，是发展柔韧素质的敏感期等。女生的青春期一般早于男生两年左右，发展耐力的敏感期也先于男生。由于学生体质各异，运动训练水平不同，上面的例子仅供参考，发展运动素质的准确区间有待教师和教练员在实践中进一步探索。

第四节　定向越野体能训练中的心理调节

一、定向越野对心理的要求

（一）情绪稳定

情绪稳定是人们进入最佳心理状态的重要因素。它能使参与者进入沉着、冷静、勇于拼搏的状态，良好的心理状态使参与者对参与定向越野充满信心，精力充沛，斗志旺盛，肌肉力量和应变能力强；相反，焦虑情绪则使参与者产生烦躁、紧张、犹豫不决等不良的心理状态。降低对参与定向运动的期望。

（二）注意力集中

在参与比赛的过程中，运动者要不停地观看地图，选择路线并控制行进方向与选择路线的一一对应。而且还会受到其他参与者或观众的影响，因而集中注意力对于定向运动参与者是非常重要的。

（三）坚强的毅力

完成定向越野的比赛需要一定的体能，有时需要头顶烈日，有时要顶风冒雨。在这种情况下，没有坚强的毅力是很难完成定向比赛的。

美国学者格鲁伯曾经说过：对初、中级运动员来说，80% 是生物力学因素，20% 是心理因素；对于高级运动员来说则相反，80% 是心理因素，20% 是生物力学因素。因而如果要成为一名高水平的运动员，除了具备情绪稳定、注意力集中和坚强的毅力外，还应具备强烈的参与训练和比赛的热情和合理比赛的目标。

二、定向越野的心理训练

（一）培养优秀的个性特征

有良好的个性特征的队员无论是在训练还是比赛中，都会有上乘的表现。那些热爱定向运动的队员，在训练中始终能保持精神饱满、积极向上的情绪，运动中也就能够承受较大的运动量，能够推迟疲劳出现的时间，在比赛中也容易取得好成绩。

（二）培养良好的动机

良好的动机是发挥队员积极性的核心因素。只有在良好动机的支持下才能提高队员的兴趣能力。在定向比赛过程中，要鼓励队员争取好成绩，但却不要把胜负看得太重，使之成为思想包袱和负担，但不允许队员通过不正当的手段去赢得比赛。要教导队员相互团结、共同协作，把每次训练和比赛都看作是锻炼自己、培养能力的机会，要不断挑战自我，超越自我。

（三）培养认真的态度

良好、认真的态度可使队员对训练和比赛有充分的信心和责任感，使队员始终处于坚定、沉着和充满信心的状态，提供巨大的心理能量储备。当在比赛中遇到不顺利的事情时，队员也能耐心处理，不急不躁。

三、定向越野体能训练中部分常见心理障碍

（一）训练前应激焦虑

应激与焦虑是运动群体中普遍存在的情绪反应，心理学领域和运动训练学都对此做了大量研究。它是心理和生理反应的综合。训练前焦虑是因为训练压力而引起的一种心理障碍，一旦产生训练前焦虑情绪，容易引起紧张、不安、恐惧等复合情绪障碍，还伴有全身不适和消化系统功能失调症状，导致训练时的灵活性以及思维敏捷性都受到限制，影响正常的训练计划，不能达到预期的训练效果。

（二）心理疲劳

定向越野是对心理和身体的双重挑战，它要求定向越野选手在训练和比赛中要全身心地投入、注意力高度集中，从而使神经始终处于高度紧张状态，一场比赛下来，选手都身心疲惫；长期高强度的体能训练、繁重的读图任务、各种定向技能的训练……很容易引起选手的心理疲劳。同其他项目比，定向越野更强调空间记忆、视觉搜索、方向判断等脑力活动，所以更容易引起脑力疲劳或心理疲劳，其中心理疲劳所占的比重比其他项目也要大得多。

四、定向越野体能训练中部分常见心理障碍的产生原因

（一）训练前应激焦虑的成因

训练前应激焦虑的原因有很多种，归纳起来不外乎是外因和内因两种。

外因主要就是教练、队友的要求和竞争还有社会其他因素的影响，这往往会使队员背上沉重的心理包袱。尤其是对于教练训练前不自觉的过多、过细的要求和关心。这种表现可能会给队员造成消极的心理暗示，这种暗示会削弱队员的自信心，

内因主要有队员过高地估计了自己队友的能力水平，对自己完成训练量的怀疑而引起的心理负担，过分地看重训练任务的结果，这些都是由队员自身的个性心理因素所决定的。

（二）心理疲劳的成因

1. 训练强度

定向越野体能训练中心理疲劳的产生一般是由于长期的体能训练中，运动负荷过量、神经系统紧张程度长期过高，生理疲劳的积累影响了心理状态，使心理功能降低而显得不堪重负。

2. 训练目标设置与训练效果

训练目标的实现是对运动员继续训练的最好鼓励，若是训练目标设置过高，当运动员经长期努力仍无法实现预定训练目标时，就会产生不同程度的心理挫折和焦虑情绪，长此以往，就会难以承受精神上的压力而疲惫不堪，最终导致心理疲劳。

3. 训练内容与方式

还有一种原因就是由于在一段时间内从事专项体能训练过多，同时又缺乏必要的调节手段，训练变成了乏味、厌烦的形式，使队员对体能训练失去了兴趣，最终导致心理疲劳。

五、定向越野体能训练中部分常见心理障碍的预防及克服措施

（一）焦虑的调节

调节队员焦虑的方法很多，有些方法可以由队员自己使用，有些方法由教练操作，还有些方法则必须由有经验的运动或者临床心理学家实施。

国外有运动心理学家将焦虑调节法分为四类：第一类是身体焦虑调节法，这些方法主要调节肌肉紧张、呼吸和心血管等身体活动过程，有放松训练法、静默放松、生物反馈等；第二类是表象训练；第三类是行为矫正法，主要是暴露法（其中包括冲击法和系统脱敏法）；第四类是认知调整法，主要矫正队员的思维过程，主要包括合理情绪调节和暗示等。

（二）心理疲劳的预防

对于心理疲劳的预防和恢复最主要的措施是训练目标的合理化和训练方式的多样化。体能训练中应很好地贯彻循序渐进的原则，在简单任务中先建立起自信心。训练方式越单调，队员就容易产生心理疲劳。训练手段若能形式多样，采用新颖、多样的教法，不断地激发学生的好奇心，引起学生的兴趣，消除单调感、枯燥感与厌烦情绪，就能有效预防心理疲劳。

（三）心理疲劳的恢复

1. 迁移与替代训练

对于已经产生心理疲劳的队员，要及时减少训练量，降低训练强度，甚至立即中断训练进行恢复修整。中断训练不是意味着在这个时期什么都不做，只是简单地被动休息。而是应该主动地用其他方式，特别是自己最喜欢的、最感兴趣的方式进行相关心理能力的训练，即替代训练。

2. 心理恢复放松训练

心理放松是通过语言暗示诱导集中注意力、调节呼吸，使肌肉充分放松，从而调节中枢神经系统兴奋性的一种方法。在实际的训练和比赛中心理放松训练具有明显的消除心理疲劳的效果。

放松训练主要有五大类型：渐进性肌肉放松；自生训练；自我催眠；静默；生物反馈辅助下的放松。其中渐进性肌肉放松训练是最常用的一种放松训练类型。

3. 渐进性肌肉放松训练

渐进性肌肉放松训练要求患者想象最能令人松弛和愉快的情景，治疗医生或教练在一旁用言语指导和暗示，最后使全身肌肉得到深度松弛。

定向越野属于典型的体能类耐力性项目，运动员体能水平在其竞技能力的构成因素中居于主导和核心地位。而在体能训练中心理素质水平将直接作用于体能训练的效果，并通过运动员的体能训练各项成绩及完成度反映出来，避免或减少体能训练中心理疲劳和应激焦虑等心理障碍的产生，将积极有效地促进体能训练目标的实现，达到体能训练成果的最优化。

第八章　定向越野体能训练的医务监督

第一节　定向越野健身处方设计

健身处方是指由康复医师、康复治疗师以及体育教师、社会体育健身指导员、私人健身教练等，根据患者或体育健身者的年龄、性别、一般医学检查、康复医学检查、运动试验、身体素质／体能测试等结果，按其年龄、性别、健康状况、身体素质以及心血管、运动器官的功能状况，结合主客观条件，用处方的形式制定对患者或体育健身者适合的运动内容、运动强度、运动时间及频率，并指出运动中的注意事项，以达到科学地、有计划地进行康复治疗或预防、健身的目的。

健身处方源于现代康复医学。1954 年美国生理学 Karpovich 曾提出"运动处方"的概念。60 年代由于运动处方被用于冠心病的康复，引起心血管疾病治疗领域的一场革命而受到重视。美国医学家 Kenneth H.Cooper 提出的"12 分钟体能测验"被许多国家采用。此外还有德国的阿肯－霍尔曼，日本的猪饲道夫等。

运动处方与普通的体育锻炼和一般的治疗方法不同，运动处方是有很强的针对性、有明确的目的、有选择、有控制的运动疗法。它能够有效地促进人的身体健康。

在定向越野运动中，运动处方的设计同样有其重要的意义。

进行定向越野运动不仅能够增进我们的身体健康，而且能够增进心理健康。其对不同年龄的人群都具有很高的锻炼价值，它是陶冶情操、锻炼体魄的一种极好的形式。

但是，现代的体育健身讲究的是事半功倍、身心健康的健身效果，所以我们在准备运动之前，应对自己的健康水平和体质状况进行有效评估、准确定位，然后选择一种适宜的运动方法，以达到保持健康、增强体质、调整心理、纠正姿态等目的。

一、了解自己的需要

（一）对自己的体质状况有一个全面的了解

体质评价是利用某项体质指标的正常值，对自己的某项指标进行评价的过程。最常用的方法是将每项指标分男女制成五个等级的评价表，根据自己的测量值在评价表中的位置来判断向已的体质水平。单个指标只反映体质的一个侧面，不能全面反映体质状况。需要通过科学合理的选择，将多项指标组合成一个指标体系，综合反映自己的健康状况。通常在选择的身体指标里要尽量包括体格、机能、素质三个方面。最基本的体格指标有身高、体重、皮褶厚度等；机能指标有肺活量、心率、握力等；还有反应速度、耐力、爆发力、灵敏性和柔韧性等的素质指标。

男子体块指数（BMI）评价表

年龄段（岁）	肥胖	超重	正常	偏轻	消瘦
18～25	23以上	22.1～23.0	19.1～22.0	18.0～19.0	18以下
26～30	24以上	23.1～24.0	20.1～23.0	19.0～20.0	19以下
31～40	25以上	24.1～25.0	20.1～24.0	19.0～20.0	19以下
41～50	26以上	25.1～26.0	21.1～25.0	20.0～21.0	20以下
51～60	26以上	25.1～26.0	21.1～25.0	20.0～21.0	20以下

女子体块指数（BMI）评价表

年龄段（岁）	肥胖	超重	正常	偏轻	消瘦
18～25	22以上	21.1～22.0	18.1～21.0	17.0～18.0	17以下
26～30	23以上	22.1～23.0	19.1～22.0	18.0～19.0	18以下
31～40	25以上	24.1～25.0	20.1～24.0	19.0～20.0	19以下
41～50	26以上	25.1～26.0	21.1～25.0	20.0～21.0	20以下
51～60	26以上	25.1～26.0	21.1～25.0	20.0～21.0	20以下

体块指数是国际通用的筛查肥胖和营养不良的指标，其基本计算公式为：体重（kg）/身高的平方（m）。

男子腰臀围比值（100×腰围/臀围）评价表

年龄段（岁）	大	偏大	中等	偏小	小
18～30	88以上	84.1～88.0	78.1～84.0	75.0～78.0	75以下
31～40	93以上	89.1～93.0	80.1～89.0	77.0～80.0	77以下
41～50	95以上	91.1～95.0	82.1～91.0	78.0～82.0	78以下
51～60	96以上	92.1～96.0	83.1～92.0	79.0～83.0	79以下

女子腰臀围比值（100×腰围/臀围）评价表

年龄段（岁）	大	偏大	中等	偏小	小
18～30	81以上	78.1～81.0	72.1～78.0	69.1～72.0	69以下
31～40	84以上	81.1～84.0	74.1～81.0	71.1～74.0	71以下
41～50	86以上	82.1～86.0	75.1～82.0	72.1～75.0	72以下
51～60	90以上	86.1～90.0	78.1～86.0	75.1～78.0	75以下

男子相对肺活量［肺活量（ml）/体重（kg）］评价表

年龄段（岁）	优秀	良好	中等	偏低	差
18～25	75以上	68.1～75.0	55.1～68.0	48.0～55.0	48以下
26～30	72以上	66.1～72.0	52.1～66.0	45.0～52.0	45以下
31～40	70以上	62.1～70.0	47.1～62.0	40.0～47.0	40以下
41～50	65以上	57.1～65.0	42.1～57.0	35.0～42.0	35以下
51～60	60以上	53.1～60.0	39.1～53.0	32.0～39.0	32以下

女子相对肺活量［肺活量（ml）/体重（kg）］评价表

年龄段（岁）	优秀	良好	中等	偏低	差
18～25	62以上	56.1～62.0	43.1～56.0	36.0～43.0	36以下
26～30	60以上	54.1～60.0	41.1～54.0	34.0～41.0	34以下
31～40	57以上	51.1～57.0	39.1～51.0	31.0～39.0	31以下
41～50	55以上	49.1～55.0	36.1～49.0	29.0～36.0	29以下
51～60	51以上	45.1～51.0	33.1～45.0	27.0～39.0	27以下

男子台阶指数评价表

年龄段（岁）	优秀（分）	良好（分）	中等（分）	偏低（分）	差（分）
18～25	80	71～79	50～70	41～49	41
26～30	79	70～78	50～69	40～49	40
31～40	79	69～78	50～68	39～49	39
41～50	80	69～79	50～68	38～49	38
51～60	80	69～79	48～68	36～47	36

女子台阶指数评价表

年龄段（岁）	优秀（分）	良好（分）	中等（分）	偏低（分）	差（分）
18～25	79	70～78	50～69	39～49	39
26～30	79	70～78	49～69	39～48	39
31～40	79	69～78	49～68	38～48	38
41～50	80	68～79	47～67	36～46	36
51～60	79	67～78	46～66	34～45	34

台阶指数＝负荷持续时间（s）÷［2×（f1＋f2＋f3）］×100，其中f1、f2、f3分别代表运动停止后第二、三、五分钟的前30s脉搏次数。台阶指数得分越高，说明人体负荷运动后心脏恢复正常心率的速度越快，心血管机能越好。

男子闭眼单脚直立评价表

年龄段（岁）	优秀（s）	良好（s）	中等（s）	中下（s）	差（s）
18～30	80以上	51～79	31～50	20～30	20以下
31～40	72以上	44～72	26～43	14～25	14以下
41～50	60以上	39～59	20～38	10～19	10以下
51～55	55以上	30～50	16～29	5～15	5以下
56～60	44以上	26～44	9～25	4～8	3以下

女子闭眼单脚直立评价表

年龄段（岁）	优秀（s）	良好（s）	中等（s）	中下（s）	差（s）
18～30	65以上	41～65	26～40	15～25	15以下
31～40	72以上	31～55	21～30	10～20	10以下
41～50	50以上	25～50	11～24	5～10	5以下
51～55	47以上	21～47	7～20	3～6	3以下
56～60	40以上	26～44	9～25	4～8	4以下

　　测定闭眼单脚直立时，要双手叉腰，用习惯脚单脚站立；另一脚屈膝离地，贴靠在支撑腿的膝部。从脚离地开始计时至脚落地或支撑腿发生移动为止。它是评价人体平衡能力的重要指标。

女子仰卧起坐评价表

年龄段（岁）	优秀（次/min）	良好（次/min）	中等（次/min）	中下（次/min）	差（次/min）
18～25	34以上	27～34	15～26	7～14	7以下
26～30	28以上	22～28	11～21	4～10	4以下
31～35	24以上	19～24	9～18	3～8	3以下
36～40	22以上	18～22	8～17	2～7	2以下
41～50	18以上	16～18	7～15	2～6	2以下

男子俯卧撑评价表

年龄段（岁）	优秀（次/min）	良好（次/min）	中等（次/min）	中下（次/min）	差（次/min）
18～25	38以上	31～38	18～30	10～17	10以下
26～30	30以上	25～30	14～24	8～13	8以下
31～40	27以上	22～27	12～21	6～11	6以下
41～50	20以上	16～20	9～15	4～8	4以下

（二）对自己的心理状况有一个准确的定位

良好的心理状况与良好的身体状况一样，对健康有重要的意义。身体状况可根据客观指标来衡量，具有相对的稳定性。心理活动则始终在变化，难以通过定性或定量方式来判断。不过，判断一个人的心理健康是有标准的，可归纳为以下四个基术条件。

1. 健全的认知

有敏锐的观察力、正常的知觉、良好的记忆、灵活的思维、丰富的想象和流畅的表达能力。

2. 饱满、适度的情绪

主导情绪应该是愉快、高兴、欢欣、满足和舒畅的，而不是消极、愤怒、忧郁、烦恼和绝望的。如果遭遇不愉快的事情，人就会出现情绪波动，这是很正常的，但情绪的反映应该是适度的，而不是喜怒无常的。情绪应该丰富多彩，表现的强度和持续的时间应该能被社会接受。

3. 意志坚强、可控

做事有目的性；不轻信盲从，能集思广益；做决定时能当机立断，又不失灵活和机动；有持之以恒、一干到底的精神，却又不顽固执拗；具有自制能力，能约束自己的行为，控制感情上的冲动。

4. 个性和谐、统一

有理想，对生活充满信心；谦虚谨慎而又自信；对人热情、正直而不自命清高；工作勤恳、负责，革新思进，不墨守成规。

通过对自己身体和心理的测定与评价，找出自己的问题所在，"对症下药"，制定适合自己身体状况的健身处方。这是取得理想锻炼效果的前提。

二、掌握健身处方使自己更好地进行定向越野

定向越野健身处方的内容包括练习形式、练习时应达到的和不宜超过的运动强度、每次运动的持续时同、每周运动的次数（运动频率）以及注意事项。练习形式主要根据目的而定。例如，一般健身或改善心脏及代谢功能，防治冠心病、糖尿病、肥胖等，可选择各种有氧练习形式；放松精神和躯体以消除疲劳，或防治高血压、精神衰弱等疾病，可做放松性活动。运动强度掌握得合适，是制定和执行健身处方的关键。反映运动强度的生理指标可采用运动时计数脉搏的方法来掌握（测 10s 脉搏乘以 6），心率标准依年龄而不同。

强度	心率				
	20～29岁	30～39岁	40～49岁	50～59岁	60岁以上
较大	165	160	150	145	135
	150	145	140	135	125
较小	135	135	130	125	120
	125	120	115	110	110
小	110	110	105	100	100

有氧运动通常用中等强度，体质及心脏功能较差者可用小强度，放松性活动一般为小强度。每次运动的持续时间：有氧运动为 30～60 分钟，其中达到适宜心率的时间需在 5 分钟以上。运动中可穿插休息，但计算运

动量时要注意运动密度，扣除休息时间。运动强度和运动持续时间共同决定运动量。运动量确定后，运动强度大则运动持续时间较短。所以采用同样运动量时，体质较好者宜选较大强度、持续时间较短的活动；体质较差者，宜选较小强度、持续时间较长的活动。运动频率一般为每周 4 ~ 6 次，视运动量大小而定。如运动量大时，间隔稍长。注意事项应指出哪种身体状况不能参加的运动项目、锻炼时自我观察的指标以及出现指标异常时停止运动的标准等。

第二节　定向越野运动疲劳的原因及恢复

在运动过程中，机体的工作能力要经历提高、稳定、逐步下降以至疲劳和恢复等过程。许多著名学者从多种视角采用不同手段广泛研究疲劳机制。第五届国际运动生物化学会议指出，运动性疲劳是指机体生理过程不能持续其机能在一特定水平上或不能维持预定的运动强度。运动疲劳是指在运动过程中出现了机体工作能力暂时性降低，但经过适当的休息和调整以后，可以恢复原有机能水平的一种生理现象。

一、定向越野运动中疲劳产生的原因

（一）能量耗竭学说

这种理论认为运动性疲劳的产生机制主要是由于能量的消耗引起的，即机体运动过程中体内能源物质大量消耗而得不到及时补充引起运动性疲劳。机体进行任何运动都必须消耗一定的能量。

人体在长时间进行运动时，其机体内的能量物质消耗要比平时多，当体内能量消耗到一定程度而又得不到及时补充恢复时肌体产生疲劳，造成运动能力下降从而产生疲劳。

（二）代谢产物堆积学说

这种理论认为运动性疲劳的产生机制主要是由于运动过程中产生的某些代谢产物在机体内大量堵塞、堆积而又不能及时消除，从而影响机体的正常代谢造成机体运动能力下降。机体在运动过程中，机体组织器官会消耗能量物质同时产生大量的代谢产物如乳酸、氢离子、氧自由基等物质在肌肉组织中堆积，从而影响机体的正常代谢。

定向越野运动中，糖酵解供能系统的终产物乳酸在供能体系中占有重要地位，乳酸在体内堆积过多而不能及时清除时则引起运动性疲劳。

（三）保护性抑制学说

这种理论认为运动性疲劳的产生机制是由于机体大脑皮质产生的保护性抑制作用引起的。由于运动时机体大脑皮质产生了对自身的保护性抑制作用，机体运动时由于大量的神经冲动传至大脑皮质相应的神经细胞，使其长时间的兴奋导致消耗增多，甚至损伤神经细胞机体为避免进一步消耗，产生保护性抑制从而产生疲劳。

由于定向越野运动中需要大脑在极短的时间内做出积极反应，并根据节奏做出相应的动作，这对大脑皮质是有保护性作用的，为避免损伤神经细胞，大脑皮质的这种保护性抑制会导致机体兴奋性下降，运动能力降低，从而引起运动性疲劳。

（四）自由基学说

这种理论认为运动性疲劳的产生机制是由于自由基引起的，自由基攻击生命大分子造成组织细胞损伤是引起机体衰老的根本原因。自由基是生物体在进行新陈代谢过程中的产物，在正常情况下自由基生成和清除处于一个动态的平衡过程中，但是机体过量运动时，自由基大量堆积不能及时清除，从而对机体产生很大影响。

（五）内分泌调节机能下降学说

这种理论认为运动性疲劳的产生机制是由于机体内分泌调节机能如肾

上腺皮质系统和肾上腺素下降影响了物质代谢和能量代谢，导致机体的运动能力下降。运动应激引起疲劳时机体内分泌调节功能受影响，在长时间运动中运动负荷强度和运动量过大时，使皮质醇分泌持续增加，对机体的下丘脑、垂体、性腺轴有广泛的抑制作用，对免疫系统也起抑制作用，这种抑制会导致机体兴奋性下降，运动能力降低从而引起运动性疲劳。

另外，还有关于疲劳产生的细胞凋亡学说、中枢神经递质失衡学说、内环境稳态失衡学说等。运动性疲劳是运动过程常见的一种生理现象，要及时判断并调整。

二、定向越野运动中疲劳程度的判断

及时发现运动员是否疲劳并科学合理指导对健康的运动有着十分重要的意义。一般判断疲劳的方法有很多，比较常用的方法有以下几种。

（一）运动参与者的感觉

每次运动后稍有疲劳和肌肉酸胀是正常的，一般来说经过充分的休息后这种症状会自然消除。但如感到精神萎靡不振、四肢无力、困乏气短、胸部憋闷、厌烦锻炼等则要多加注意调整。

（二）教练员的观察

当教练员在教学中发现运动者动作僵硬、错误动作增多、动作幅度速度减小、思想不集中或者不能较快掌握动作的时候，表明运动者可能产生了运动疲劳。这时教练员应及时调整运动的强度，保证运动者能快速恢复保证其不受到伤害。

一般情况下，可以用观察法与运动者的主观感觉来判断疲劳。疲劳程度可分为轻度、中度和重度疲劳，定向越野运动中常出现轻度疲劳和中度疲劳，如面色稍红、排汗量增多、呼吸中等速度加快、步伐稍有摇摆不稳、注意力较好，则为轻度疲劳；运动中面色红或有泛白、排汗量大量增加、呼吸节奏明显加快且轻微紊乱、步态不稳、注意力稍有涣散，则为中度疲劳。

（三）参与者的生理指标变化

生理指标是一种目前检验运动疲劳最科学的方法。常用于判断疲劳的生理机能指标有肌力、肺活量。疲劳时肌力下降，通常可用握力计、背力计等进行测定。连续测 5 次肺活量，每次间隔 30 秒，疲劳时肺活量逐次下降。这种方法在定向越野运动中较为少用。

三、定向越野运动中疲劳产生后的恢复措施

有些锻炼者认为，定向越野运动强度不太大，可自然恢复。但运动后采用科学合理的疲劳恢复方法，有助于运动者增强体质，更好地进行下一次练习。下面简要介绍一些恢复措施。

（一）按摩疗法

推拿按摩是一种良好的物理刺激，它对运动后产生的机体疲劳具有快速恢复的功能。按摩可以刺激神经系统，从而激活神经系统调节机能，引起神经系统局部生理、生化变化，并通过神经反射和神经体液调节，影响其他器官系统，使呼吸、循环等机能和物质代谢过程得到改善，增强肌肉组织营养的吸收，纠正运动功能失调等抑制机体恢复的不良因素，从而促进新陈代谢，达到使乳酸迅速排出体外消除疲劳的目的。

（二）自我心理调节

自我心理调节也是运动员在运动后进行放松的重要手段之一。心理的自我调节是通过采取自我心理放松的手段，解除心理紧张和心理疲劳，从而达到放松的目的。运动员通过对自身以及运动疲劳的了解，在运动后通过运用自我说服和自我暗示进行放松。

（三）音乐调节

舒缓的音乐可以使人的心情放松，缓解人体疲劳。运动员在运动过程中产生的疲劳大多是因为心理、机体以及神经中枢过度工作而引起的，舒缓的音乐能有效地放松神经系统，使神经系统在音乐氛围中得到有效的调

解，从而消除因过度运动而引起的疲劳。

（四）温水浴

温水浴是运动后最常见的放松方法。温水浴和局部热敷能促进血液循环，加强新陈代谢，促进体内营养物质的吸收，减少脂肪酸的堆积，消除肌肉僵硬、紧张以及酸痛，达到放松肌肉、提高体力恢复的效果。在温水浴时水温以 40 度左右、时间为 20 分钟较为合适，水温过高则使机体内环境失调，时间过长则使细胞疲软，从而加重疲劳感。

（五）充足的睡眠

睡眠是大脑皮层抑制过程加深的结果，是正常的生理现象。人的机体在睡眠时，全身的肌肉处于放松的状态，大脑皮层的兴奋过程降低，分解代谢的速度也较低，而合成代谢过程却相对较高，有利于体内能量的蓄积。所以睡眠是消除疲劳、恢复体力的关键，在训练后保证充足的睡眠是必要的。

（六）运动结束时进行放松活动

运动后的放松活动是消除疲劳、促进体力恢复的一种有效措施。其原因是：在训练结束后进行放松活动可以使人的机体更好地由紧张状态过渡到安静状态。如果运动结束机体突然停止运动处于静止状态，人的内脏器官会因为身体的静止妨碍其之前的呼吸动作，影响了氧气的补充，影响静脉回流，则会引起血输出量突然减少、血压急剧下降，从而造成暂时的脑贫血，严重时还有可能休克。所以运动后尽量选择一些能使工作肌肉群放松的练习。例如，在运动结束后可以进行深呼吸、抖动腿部、拍打四肢等放松活动。

初学者每次运动后，往往容易处在亢奋之中，而忽略了训练后的护理。因此初学者更要注意运动完成后的护理。

放松运动必不可少。一般在定向越野教学或练习中，都没有放松运动，也没有人强调过这个问题。然而，在一般强度的学习或练习中，人体的肌肉和关节都被充分调动，如果不及时放松，就会形成乳酸积累。长此以往，容易造成伤痛。所以应每次运动完以后，做一些简单的放松活动以缓解肌肉疲劳。

（七）合理营养

合理补充营养物质可以改善运动员体能反应，维持身体内环境稳定，有助于消除疲劳，恢复体力。专家指出，运动后补充营养可从以下几方面进行：一是补充营养素，即蛋白质、维生素和微量元素铁、钙、镁等；二是补充能量，低聚糖配以葡萄糖、蔗糖、果糖，可以有效满足健身需要，此外，还应补充适量的电解质、维生素 B、维生素 C、牛磺酸和肌醇；三是补充提高抗过氧化和免疫能力的营养品，常用的外源性抗氧化剂有维生素 E、维生素 C、β－胡萝卜素、微量元素硒、番茄红素等，特别是番茄红素是一种强有力抗氧化剂和免疫增强剂，其作用比维生素 E 强 100 倍，西红柿含有丰富的番茄红素。

第三节　定向越野运动损伤的预防

运动损伤是指在体育运动中所发生的各种损伤。它不同于其他职业病和日常生活中所发生的损伤，主要是其具有明显的体育运动的专项特点。不同运动专项所引起的损伤有不同的原因，但发病有明显的规律性。了解各项运动技术的特点，找出发病的原因，研究治疗的方法，达到更好的治疗、预防运动损伤的目的，为提高教学和训练水平服务。运动损伤可能涉及人体许多系统、器官和组织，有必要对运动损伤按几种不同的方法进行分类。

相较而言，定向运动是一项比较安全的体育运动，但时常也会发生伤害事故。我们要把伤害事故发生的概率和程度减小到最少。定向运动的伤害事故一般分为两类：过度训练和外伤性损伤。

过度训练一般对初学者没有影响，因为它是损伤积累而成的。它是由于不断重复同一个动作，使身体某些部位过度压迫而引起的。过度损伤的影响因素包括：穿已磨损或不合脚的鞋、突然增加跑距或改变跑步的地形。如果你感觉到哪个部位疼痛，在参加涉及这个部位的运动之前，应该参考一下医学建议。

外伤性损伤是突发性的，往往是因为一些小事故导致的。包括：脚踝扭伤、肌肉拉伤、擦伤和关节损伤。这些伤害通常是因为过分拉长肌肉、扭动关节和摔倒而产生的。

下面就对定向运动中常见运动损伤的预防和处置做一介绍。

一、肌肉韧带拉伤

内因：训练水平不够，柔韧、力量、协调性差，生理结构不佳。

外因：准备活动不充分，场地、气温、湿度、教练专业水平不够。

预防：选教练、场地，在正常天气情况下锻炼，准备活动充分、循序渐进。

二、关节扭伤

内因：技术掌握不好、协调性差，关节周围肌肉力量小，生理结构不佳，由于疲劳等因素产生体力差。

外因：准备活动不够，场地滑，器材使用不当，训练内容不好（动作速度快，转、跳过多）。

预防：准备活动充分，了解设备的使用，循序渐进地提高训练强度。

三、运动腹痛

原因：肝脾瘀血、慢性腹部疾病，呼吸肌痉挛（准备活动不够，肺透气低，运动与呼吸不协调），胃肠痉挛（运动前吃得过饱，饭后过早运动，空腹或喝水太多）。

预防：运动前健康检查，合理安排运动饮食，饭后 1 小时开始运动，不空腹运动，喝水适量。

四、脚底筋膜炎和神经刺痛

原因：脚底频繁压力过多产生的疼痛。原因是道路不适合、鞋子问题、脚的生理结构不好。钙沉淀在脚跟骨上、脚底筋膜炎和神经刺痛。

预防：准备活动要充分（包括脚部的准备活动）。

五、肌腱、小腿肌痛

原因：经常提脚跟造成的。

预防：运动前后的准备活动和放松要多伸展肌腱、小腿肌肉等，可以防止损伤和减轻疼痛。

六、半月瓣症

原因：半月瓣症一般是由于跑步、蹲跳等过度的膝部动作造成的，半月瓣症常会有"咔"的响声。

预防：减少过多的膝部动作，减少转体、蹲跳等撞击动作。

七、关节炎、黏液囊炎

原因：过度训练。骨关节炎是由于软骨的磨损，使关节肿大、水肿。风湿性关节炎是由于人体的免疫系统的疾病造成的。

处理：休息和看医生。

八、胫骨骨膜炎

表现：胫骨前骨膜与骨有剥离的感觉，产生疲劳、酸痛。

原因：练习方法不当、地面不平等，小腿的肌肉发展不平衡，突然的压力。

预防：学习正确的锻炼方法（如：不要长时间做连续跳跃动作、上下踏板动作）。

第四节　野外伤病的急救

在野外，经常会遇到一些意外的受伤或突发的疾病，我们必须对这些病人或伤员采取临时的处理措施。为此，我们必须了解一些有关的急救知识和方法。下面就介绍一些常用的伤病急救。

一、突然昏厥怎么办

在野外，由于饮食不均或营养不良而造成突然昏厥的现象时常发生。这与疲劳过度、出汗较多、血糖过低有关。如果发生这类事件，应立即补充高糖食物，如喝些糖开水、吃几粒巧克力等，便可缓解症状。

另外，由于暂时性脑缺血引起短瞬间丧失意识的现象，表现为：突然性的衰弱无力，眼前发黑，脸部和口唇发白，全身发冷、出虚汗等。在这种情况下，应将患者头低脚高卧平，让血液回流，改善脑供血。同时解开患者的领口和腰带，注意保暖，再喝些热茶和糖水，休息一会儿即可恢复知觉。

应该注意的是：对突然昏厥的病人，不要随意托扶，应先观察其呼吸、心跳是否正常，然后再采取相应的措施。

为了避免昏厥，在野外一定要注意饮食，要吃好、吃饱，并随身带一些水果糖、巧克力糖等高糖食品。如果感到饥饿头昏、心慌出汗时，应立即补充糖分和水分。

二、急性呕吐、腹泻怎么办

在野外，有些人适应能力较差，特别是由于当地的水和食物中所含微量元素不同，引起腹胀和腹泻，这属于非细菌性吐泻，它对身体危害不大，只需稍加休息便可适应。

由于饮食不卫生，暴饮暴食，引起肠胃炎而造成腹痛、呕吐、腹泻，还伴有发热，严重者可致脱水和电解质紊乱。这必须加以重视，立即采取救治措施。首先应禁食，饮些糖水和盐水，服用复方新诺明、黄连素片、泻痢停等药物，并注意防止脱水。

病从口入，在野外，一定要注意饮食卫生，决不吃变质、变味的食物。

三、遇到高原反应怎么办

高原反应是在海拔高、空气稀薄、气压低、空气中氧气较少的情况下，人体出现的不适感觉和症状。如当进入高原地区（海拔为 2000 米以上）时就会感到气短、呼吸加快。随着高度的增加，继而出现头昏、胸闷、恶心、呕吐、四肢无力等症状。一般来说，人的适应能力是很强的，出现高原反应症状后不需任何治疗，两到三天便可自然恢复。

克服高原反应的方法有：多食巧克力、糖等高热能食物，以利于克服缺氧造成的不良影响；如果出现头昏、恶心等轻微的症状，可适当饮用些酸性饮料；不可喝酒，以避免增加氧的消耗量；注意防冻保暖，避免上呼吸道感染。

四、中暑怎么办

在夏天，如果长时间在高温下活动，就会出现头昏眼花、耳鸣、四肢无力、皮肤干热，甚至昏倒、抽筋，严重者还会导致死亡。这就是中暑，是由于体内的热能不能及时散发所造成的。

如果在高温下活动一段时间后出现头痛、头昏、耳鸣、眼花、恶心、无力、口渴、大量出汗，这就是中暑的先兆，应及时离开高温环境，到通风、阴凉的地方休息。服用十滴水或其他解暑的药物，多饮水（最好是淡盐水），经过短暂的休息，症状便可消失。如果症状严重，出现肌肉痉挛、昏迷，则应立即将病人抬到阴凉处，解开衣服、腰带，让病人平卧，用冷毛巾或冰水冷敷、擦身以降温，并服用人丹、十滴水、盐开水等。对昏迷的病人可用针刺或手按压人中、内关、足三里等穴位。

为了防止中暑，在夏天安排野外活动时，应尽量避免长时间在闷热的环境和强烈的阳光下开展活动。服装应为色浅、质薄，宽松、吸汗，头上应戴太阳帽或其他遮阳用具；带足水或饮料，以保证及时补充水分；随身携带人丹、十滴水等防暑药品。

五、被狗咬伤怎么办

伤口局部会出现红肿、疼痛，严重的可引起淋巴管炎、淋巴结炎或蜂窝组织炎。被狗咬伤后，不管是疯狗还是正常的狗，都应以最快速度冲洗伤口。狗咬伤的伤口往往是外口小而里面深，这就要求冲洗的时候尽可能把伤口扩大。若伤口流血，只要不是流血太多，就不要急着止血，因为流出的血液可将伤口残留的狗的唾液冲走，自然可起到一定的消毒作用。如果没有血出来，就要从近心端向伤口处挤压出血，设法把污染在伤口上的狗的唾液冲洗干净，有利于排毒。若伤口出血过多，应设法立即上止血带，然后再送医院急救。记住：此时伤口可让其裸露，不要包扎伤口！送医院后由医生根据病情给伤者注射抗生素或破伤风抗毒素血清。对于其他部位被狗抓伤、舔舐以及唾液污染的新旧伤口，均应该按照咬伤同等处理。

六、被虫叮咬怎么办

在野外常会遭遇到一些讨厌的昆虫的袭击，如蚊子、跳蚤、臭虫的叮咬；

野蜂、毛毛虫的蜇伤；以及蜈蚣、蚂蟥的咬伤等。这些小的昆虫，除个别的外，一般不会有太大的毒素，不会对人造成危险，一般情况下，涂上风油精、万金油或口水、肥皂，便能起到消炎、止痒的作用。

如果被野蜂蜇伤，首先应检查蜂尾部的毒腺及螫针是否还在伤口上，如在，应用小镊子或小钳子连根拔除，不要用手掐。然后用醋酸涂擦伤口，以消肿止痛。还可以用野菊花叶、夏枯草捣烂敷伤口。

如果被蚂蟥叮了千万不要硬往外拉，以免拉断，因为蚂蟥的前端有一吸盘，吸附在人的皮肤上，钻入皮肉内，吮吸血液。若把吸盘留在伤口内，会引起伤口发炎、溃烂。只要用拳头在旁边猛击两下，蚂蟥受到惊吓就会自动掉下来。也可以用风油精、食盐洒在蚂蟥身上。

如果受到毛毛虫的侵害，毛毛虫身上的毒毛触到人的皮肤，皮肤会感到辣、痒、痛，并出现红肿。这时不要乱挠或乱摸。首先要细心地把毛毛虫从身上清除，再用胶布粘在皮肤上，除去毒毛。在野外，还可以采些马齿苋、蒲公英、野菊花等清热解毒的草药揉烂后涂擦或外敷。如果全身出现皮疹，可服用扑尔敏等抗过敏药。

毒蝎子、毒蜈蚣的毒性较大，遭到袭击后，应用对付蛇咬的方法进行处理。

七、被蛇咬了怎么办

如果被蛇咬伤，首先要判断蛇是否有毒，毒蛇与无毒蛇的区别是：

毒蛇一般头大颈细，头呈三角形，尾短而突然变细，表皮花纹比较鲜艳。无毒蛇一般头呈圆形，颈不细，尾部细长，体表花纹多半不明显。

被毒蛇咬伤的伤口留下的牙印上还留下两颗毒牙齿的大牙印，而无毒蛇则仅留下一排整齐的牙印。

如果被蛇咬后15分钟，伤口出现红肿并疼痛，则有可能是被毒蛇咬了，若伤口无红肿及疼痛，则可能属非毒蛇咬伤。

如果不能判断是否被毒蛇所咬，可一律采取以下措施：保持镇静，就地休息，避免或减少运动，以防毒素向全身扩散；用止血带、橡胶带，或随身带的绳子、带子等在伤口的上方扎紧，以阻断静脉血和淋巴液的回流，防止毒素扩散；用生理盐水、冷开水、矿泉水冲洗伤口，有条件可用双氧水或 0.1% 的高锰酸钾溶液冲洗，还可以用肥皂水清洗。如果伤口上留有毒牙，应立即拔出。

排毒、吸毒。用两手在伤口处挤压或利用各种吸引器在伤口处吸毒。在紧急情况下可用嘴吸吮（口腔、牙龈应无破损）。边吸边吐，再用清水、盐水或酒漱口。如果吸毒不明显，可将伤口作十字形切开后再吸。

口服或外用随身携带的蛇药。如南通蛇药（又名季德胜蛇药）、群生蛇药、上海蛇药、湛江蛇药等。具体用法可见说明书。值得注意的是：蛇药应早用，咬伤超过 24 小时后则效果不佳。在服药的同时，可将药片用白酒加开水溶化后涂在伤口的周围，这样效果更好。

八、怎样急救溺水者

如果发生淹溺，或不慎落水，千万不要紧张，首先应想办法自救，也就是尽量让自己浮在水面上，其方法可采用仰游的姿势，做深呼吸，寻找并抓住水面上的漂浮物来增加自己的浮力；还可以做像踩自行车那样的踩水动作，并用两手不断划水，屏住气，利用头部露出水面的机会换气，再屏住气，如此反复，不会沉入水底。许多溺水而死的人，都是因为过于紧张，喝水太多，无法呼吸而造成的。因此溺水时，要保持浮姿，任水冲流，不要勉强与水流相抵抗。

在岸边的急救者可向水中投掷木板、竹竿、绳索或其他救生器材，让溺水者抓住这些器具游上岸。即使是善于游泳的人，也不要直接跳水去援救，因为溺水的人往往会紧抓来救援的人，而使之无法救助，结果两人都可能溺水而亡。如果发现溺水者已开始下沉，抢救者应立即考虑下水急救。

但要注意，不可从正面接近溺水者，应从侧面托住溺水者的腋窝或下颌，然后将溺水者拖出水面。

上岸后，要立即采取抢救措施，具体方法是：

清除溺水者口腔、鼻腔中的杂物，并把舌头拉出，解开衣领。

控水：方法是救护人员一腿跪地，另一腿屈膝，让溺水者俯卧于大腿上，头部下垂，以膝抵住溺水者的腹部，再按压其背，让呼吸道及胃中的水从口腔中控出。如果溺水者还有知觉，可用手指刺激其喉咙，使胃中的积水吐出。

如果溺水者的呼吸、心跳停止，应迅速进行人工呼吸和胸外心脏按压等抢救措施，并立即送往医院。

第五节 定向越野体能训练的营养保障

营养素是指能在体内吸收，能供给热能，构成机体组织和调节生理机能，为身体进行正常物质代谢所必需的物质。人体所需要的营养素有糖、脂肪、蛋白质、维生素、无机盐、水和膳食纤维等七类。营养素通常来自于食物，但任何一种食物不可能包含所有的营养素，各种食物中所含的营养素的种类和含量也不相同。任何一种营养素也不可能具备各种营养功能。因此，人体必须从多种食物中摄取各种营养素。

一、糖

当进行定向越野体能训练时，肌肉消耗的糖为安静时候的 20 倍。所以适当增加糖的摄入，有利于机体内糖原的恢复。长时间运动时如果糖的摄入不足，则容易引起低血糖症状，出现头昏、眼花、步态不稳等。在体能训练时可以喝一些含糖的饮料。运动时间在 1 小时左右的运动，糖的供能占到60%。一些锻炼者怕体重增加，不吃含糖类食物。其实，如果每天糖摄入量不足，不仅会降低肌肉和肝脏的糖原储备，导致低血糖，缺少了葡萄糖脂肪也无法转化为能量。适量糖可增加血糖浓度，增加肌肉的糖氧化，从而增加外援性能量的利用，节省肌糖原。系统锻炼后，12小时内补单糖，24小时内补充淀粉类。体能训练中，补糖浓度应在6%左右，运动后先补充单糖，葡萄糖有利于恢复补充体能。长时间膳食中含糖量应在45%至65%。选择膳食中含糖的种类主要是淀粉类多糖食物，如全谷类及谷制品、干鲜水果、坚果类、豆类（豌豆、菜豆、扁豆）等。

二、蛋白质

蛋白质是生命的基础，与运动的关系十分密切。蛋白质参与机体肌肉等组织的修复，构成机体的活性物质，提高机体的免疫力，必要的时候还可以为我们的机体提供能量。因此在运动中应该增加蛋白质的摄入。尤其是力量练习后蛋白质对肌肉的修复和肌纤维的增粗有明显的作用。在运动中应注意补充鱼、禽、肉、蛋等优质蛋白的摄入。另外，蛋白质对增强身体抵抗能力，提高神经系统的兴奋性，加强条件反射活动，降低疲劳程度有良好作用。

膳食中蛋白质含量在10%至35%，长期系统的体能练习后应增加优质蛋白，一般补充总能耗的10%左右，根据锻炼强度蛋白质需要量为1.0至1.8g/kg。其中动物性蛋白质营养价值较高，并含有人体必需且容易吸收的多种氨基酸，应多吃蛋类、奶类。在植物性蛋白质中，大豆最好。膳食中应该是多种食物混合使用，利用蛋白质的互补作用来提高其生理价值。

三、脂肪

脂肪在人体的储存量很大，糖和蛋白质在体内可以转化成脂肪，一般情况下体内的脂肪含量不会有大的变化，但是必须注意脂肪酸的补充。在长时间运动中特别是糖供能不足时，脂肪供能才能有更重要的意义。脂肪是人体长时间中低强度运动的主要能源物质。体能运动促进脂肪分解，主要是与运动造成机体热能负平衡，促使中枢神经产生体内消耗脂肪的刺激，从而加速脂肪酸的分解，同时运动时肌肉对游离脂肪酸的利用增加，合理的膳食中，按照百分比计算，脂肪的摄取量占总的 20% 至 35%。在体能训练中，为了减肥和美体而不吃脂肪类食物，在运动 60 分钟左右时，会出现机体无力、头晕等症状。运动后尽量食用不饱和脂肪酸含量高的植物油（芝麻油、花生油、菜籽油）等，脂肪的 P/S（不饱和脂肪酸 / 饱和脂肪酸）应大于 1。

四、无机盐

和运动能力密切联系的无机盐有铁、钾、钙、镁、硒等。在体能训练中，由于出汗可造成一定量的钠、钾、钙、磷等无机盐的丢失。如果无机盐得不到及时的补充，就会造成运动能力的下降、肌肉痉挛以及运动性疲劳的发生。在运动中或运动后要及时补充富含电解质的饮料，防止体内钠、钾等电解质的缺乏。长期的体能训练要补充含铁丰富的食物，女性更应该注意铁的摄入，防止贫血的出现。运动中的出汗失水伴随着失盐，失盐将引起中枢神经机能降低、四肢无力等现象，运动后可补充电解质，每升液体中要含有 0.5 至 0.7 克的钠。硒可以清除自由基，具有抗氧化作用，能保护红细胞膜的完整性。铁参与血红蛋白、肌红蛋白和血红素的组成，参加体能训练的女性尤其要多加补充铁和硒。

五、维生素

维生素参与体内活性酶的合成，调节机体的新陈代谢。在运动中机体能量消耗增加，加速了代谢过程，维生素的消耗也随之增加，同时由于出汗使得部分水溶性维生素、特别是维生素 C 丢失。所以运动后的饮食应注意尽量食用新鲜的食物，如蔬菜、水果、鱼和肉等维生素含量高的食物。维生素调节体内代谢物质，是人体正常机能不可缺少的营养素，对于能量代谢、提高肌肉力量、促进蛋白质合成及抗氧化还原反应有重要作用。

六、水

水是人体重要的营养素，是人体内数量最多的成分，约占体重的50%至60%，人体新陈代谢的一切生物化学反应都必须在水介质的参与下进行。在运动过程中，特别是炎热的夏季，随着运动强度的增大，运动时间的延长，机体大量地出汗造成体内水分的流失，严重时造成脱水甚至休克。在运动中、后应注意水分的补充，防止身体脱水。长时间的耐力项目，运动中能量消耗较大，比赛过程中应及时补充水分、热能、维生素和无机盐，它们能起到预防低血糖，维持大量排汗后机体内的水和电解质的平衡，防止因无机盐丢失过多而引起的运动能力下降、肌肉痉挛及心律失常等作用。运动中饮料采用易消化、吸收的流质和半流质食物，体积要小，发热量要高，味美略带酸，这样可消除口咽部的干燥或口渴感。根据使用中饮料的不同目的，饮料的配方也有所不同。一般的途中饮料包括葡萄糖、蔗糖、无机盐、天然果汁、维生素 C 及水，饮料温度在 13 至 20 度为宜，不宜过冷，以免刺激肠胃。

七、膳食纤维

膳食纤维是一种不能被人体消化的碳水化合物，分为非水溶性纤维和水溶性纤维两大类。纤维素、半纤维素和木质素是三种常见的非水溶性纤维，存在于植物细胞壁中；而果胶和树胶等属于水溶性纤维，则存在于自然界的非纤维性物质中。膳食纤维对促进良好的消化和排泄固体废物有着举足轻重的作用。适量地补充纤维素，可使肠道中的食物增大变软，促进肠道蠕动，从而加快了排便速度，防止便秘和降低肠癌的风险。另外，纤维素还可调节血糖，有助预防糖尿病，又可以减少消化过程中对脂肪的吸收，从而降低血液中胆固醇、甘油三酯的含量，有防治高血压、心脑血管疾病的作用。

定向越野体能训练应该科学地安排进餐的时间和膳食的营养分配，这是关系到运动员进食后食物的消化吸收以及合理提供一天的营养需要，预防消化系统疾病，提高人体健康水平的大问题。定时进餐，饮食有节，细嚼慢咽，不喝酒，不吃刺激性强的食物，对运动员是十分重要的。挑食、偏食、吃零食的习惯对青少年运动员来说，要注意克服。进食的时间必须与训练或比赛的时间相适应。运动后，应有适当的休息时间才能进食。进食后也要有一定的间隔时间才可运动。因为运动时体内血液比较集中于运动器官，胃肠系统处于相对缺血和抑制状态，消化机能较弱，这时进食就不能很好地消化。因此，运动结束后一般应休息 30 分钟以上再进食，大运动量后应休息 45 分钟以上。进食后应间隔 1.5 至 2.5 小时才可进行剧烈运动，因为进食后的短时间内，胃中食物充塞，横膈膜上顶，影响呼吸，不利于运动。而且，此时运动可使消化器官的血液供应减少，机能减弱，不仅影响食物的消化，还易发生腹痛、呕吐等症状。一日三餐食物的热量和质量的分配，应根据一天的锻炼情况，主要是进行剧烈运动的时间来安排。原则上是运动前的一餐，食物的量不宜过大，要易于消化，含有较多的糖、维生素和磷，少含脂肪和纤维素；运动后的一餐食物可多些；晚餐不宜过多，也不宜有难消化和刺激性强的食物，以免影响睡眠。一日三餐热量比例应是早餐占 30% ～ 35%，午餐占 35%，晚餐占 25% ～ 30%。不可忽视早餐的质量和热量。

平衡的膳食系由多种食物构成，它提供足够数量热能和各种营养素，满足人体正常生理的需要，而且还要保持各种营养素之间数量的充足，种类齐全，比例适当，不含有毒成分，利于消化吸收。膳食中的营养与机体消耗的需要，两者之间能保持平衡。对膳食质量的评价，既要建立在各类人群生理需要的科学基础上，又要避免不合理的营养物质所造成的营养过剩或营养不良等疾病。人们必然要求膳食能够全面地提供各种比例合适的营养素，使其配合得相得益彰。供给平衡膳食，应包括 7 大类食物、40 多种营养成分，即谷类、食用脂肪类、肉类、根茎薯类、奶制品类、水果和蔬菜类。而各类食物的数量及质量，应根据儿童、青少年以及老年人消耗量合理搭配供应，必须注意食物多样化及某些容易缺乏的营养素的补给。各种热源食物占总热能的适宜比例一般是蛋白质 15%，脂肪 30%，糖类 55%。

参考文献

［1］周国红.论定向越野体育项目的开展［J］.中国学校体育，2008（6）：87.

［2］彭光海，秦玲莉.校园推广定向运动教学之研究［J］.中国学校体育，2004（6）：54.

［3］周亮，赵刚，杜平.浅析高校定向越野技术训练体系及具体项目［J］.四川体育科学，2009（10）：98.

［4］张晓庆，崔雁冰.定向运动比赛中基本技能的运用研究［J］.山东体育学院学报，2005（9）：67.

［5］戴卫华.浅谈身体训练与专项训练的关系［J］.当代体育科技，2012（30）.

［6］刘海锋.浅谈身体成分指标在运动训练中的作用［J］.经营管理者，2011（17）.

［7］王彤.定向越野运动员专项体能训练方法的探讨［J］.哈尔滨体育学院学报，2009（6）：104.

［8］潘华山，黄森.我国高校定向越野运动开展状况的调查与分析

［J］.广州体育学院学报，2003，23（2）：51.

　　［9］邵永祥.高校开展定向越野运动的可行性及对策分析［J］.湘潭师范学院学报，2005，27（4）：100.

　　［10］俞慧燕.对大学生定向运动基本技能训练的探讨［J］.绍兴文理学院学报，2001，21（5）：97.

　　［11］张新安，刘宗伟.定向运动：一项促进学生综合素质的时尚运动［J］.河南师范大学学报，2003，31（3）：86.

　　［12］楼亮.对中学定向运动员训练的探索［J］.浙江体育科学，2001，23（10）：28.

　　［13］李福田.运动员体能训练的理论和实践［J］.世界田径，1995（1）.

　　［14］王相英.定向越野教程［M］.北京：人民教育出版社，2007.

　　［15］马启伟.体育心理学［M］.北京：高等教育出版社，1996.

　　［16］彭中东.对高校定向越野教学中提高学生身体素质方法的探讨［J］.学校体育学，2015（21）.

　　［17］侯忠仁.定向运动社会价值研究［J］.体育文化导刊，2010（7）.

　　［18］卢元镇.中国体育社会学［M］.北京：北京体育大学出版社，2000.

　　［19］孙全兴.国防体育——定向运动指导［M］.上海：上海教育出版社，2001.

　　［20］李德银，等.定向越野指导［M］.北京：测绘出版社，1989.

　　［21］张惠红.野外生存生活指导手册［M］.北京：人民教育出版社，2002.

　　［22］张惠红，陶于.定向运动与野外生存［M］.北京：高等教育出版社，2006.

　　［23］闫艾萍，罗歆歆.普通高校定向越野运动员信息搜索能力与运动

成绩的相关性研究［J］.搏击（体育论坛），2012（8）：49.

［24］刘建国，李佳莉.专项体能训练手段在定向运动中的应用研究［J］.湖北林育科技，2013（7）：43～46.

［25］范文广，刘旭东.探究高中生100米专项力量训练理论与方法［J］.科教导刊（中旬刊），2012（12）：229.

［26］李佳莉.定向运动专项体能训练手段的应用效果研究［D］.西安：西安体育学院，2012.

［27］王兴，司虎克.体能训练基本理论与基本原理的研究［J］.中国体育教练员，2003（2）：4.

［28］简比学.中学体育教学开展定向运动的意义及制约因素［J］.成都体育学院学报，2002（6）：53～55.

［29］石宏杰，郑红.定向越野运动体能特征分析［J］.体育科技文献通报，2009（9）：27.

［30］秦玲莉，彭光辉.构建定向运动技术训练体系的研究［J］.山东体育学院学报，2003（4）：66～68.

［31］肖伟君.我国定向运动的科研现状调查及发展对策［J］.广州体育学院学报，2005（5）：65～67.

［32］钟大鹏，洪元舟.论定向越野运动及其形式和特点［J］.首都体育学院学报，2001（4）：96～98.

［33］董永康.浅谈定向运动的起源和发展［J］.体育文化导刊，2003（5）：79.

［34］厉丽玉.略论体能及其训练［J］.福建体育科技，1997（1）：40—44.

附录一　世界公园定向运动组织

一、世界公园定向运动组织简介

世界公园定向运动组织（Park World Tour，简称 PWT）是于 1995 年在国际定向联合会（IOF）注册的一个国际组织。

PWT 在世界各地公园举行职业定向精英巡回赛（简称 PWT 精英巡回赛），并设总奖金及排名。

PWT 精英巡回赛开始于 1996 年，每年在世界各地举办 10 场左右的比赛，世界排名前 25 位的男女选手都参赛。

为推动定向运动的发展，增进人们对定向运动的兴趣及了解，发展新的群体，扩大其在新闻媒介中的影响，并将定向运动推入新的国家，PWT 将大多数世界巡回赛放在城市的郊外及公园里进行，且赛事路程较短，其比赛场地的选择及点标设置亦独具匠心。从瑞典的野生动物园到威尼斯的水上迷宫，从芬兰的赌场到奥地利的音乐大厅，从捷克的城堡到奥斯陆的购物中心楼顶，都曾作为比赛地点。整个赛事紧张激烈，聚集了全球顶级定向运动精英，比赛显示了很高的水准。观众不仅可沿途观赏比赛，并可亲身体验，可谓妙趣横生，乐趣无穷。

PWT 在短短的几年时间，以其精英的赛事组织安排和现代化的技术设备而使"PWT 精英巡回赛"风靡全球，仅 1998 年就有包括南美在内的 30 个国家申办 PWT 精英巡回赛，可见公园定向运动在世界各地开展的热烈程度。

二、世界公园定向组织与我国的交往

PWT 与我国的交往始于 1998 年，那一年，PWT 带着世界 25 个国家最优秀的定向运动员来到指南针的发明地中国，从繁华的国际大都市香港跑到古老的首都北京。所到之处，受到各界的友好欢迎，也引起了两地对定向运动的空前热情和兴趣。PWT 为这份热情感动，决定重返中国，并在各大城市举行定向知识讲座，制作定向地图，组织定向比赛。这标志着 PWT 与我国交往的正式开始，并把公园定向运动传入拥有 13 亿人口的亚洲第一体育大国——中国。

1999 年，PWT 共为 12 名我国大学生运动员免费参加了 PWT 在世界各地举行的巡回赛及其他主要国际定向赛事，使我国运动员有机会与世界精英同场比赛和交流学习。由于 PWT 和国内相关组织的有力支持，推动了定向运动在中国的发展。在内地，注册的定向运动员已经超过了 10000 人。参加国际比赛的运动员人数也从 1991 年的 1 人，发展到能组队参加。当然，目前我国定向运动还处于普及阶段，成绩还不理想，我国运动员在一些国际大赛中的排名大概在 80 名左右，仅有少数运动员可在国际比赛中拿到奖牌。但不论如何，通过大家的努力，我国定向运动已经有了长足的进步。

三、世界公园定向组织在为定向运动成为奥运比赛项目而努力

1977 年，国际定向运动联合会（IOF）已获得国际奥委会的承认，但定向运动比赛至今仍未列入奥运会的比赛项目之中。

　　一种运动项目是否被列为奥运会的正式比赛项目，对其生存和发展状况，影响是不一样的。如果被正式列入奥运比赛项目，该项运动将会被更多人认可和接受，训练与比赛将变得更为专业，经费和物资来源将获得更多的保证，定向比赛将会吸引更多媒体（电视台、电台、报纸等）的关注，该项运动的俱乐部的状况将获得极大的改善，从而使该项运动的普及与提高获得更大的动力，产生里程碑式的质的飞跃和开拓更为广阔的发展前景。

　　目前，国际定向运动联合会（IOF）及世界定向组织，其中也包括世界公园定向运动组织（PWT），正在为定向运动成为奥林匹克运动的比赛项目而努力着，在向一个新的时代——奥林匹克时代迈进。

附录二　国内国际定向运动主要赛事

一、国际定向运动联合会主办及正式认可的比赛

世界定向锦标赛（WOC）：徒步定向始于 1966 年，每两年举办一次。

世界青少年定向锦标赛（WJOC）：始于 1990 年，每年举办一次，参赛选手年龄为 19 ~ 20 岁。

世界元老定向锦标赛（WMOC）：始于 1998 年，每年举行一次，35 岁以上的选手可以参加。该赛事在我国曾被称为"世界大师定向锦标赛"。

世界杯赛（WC）：始于 1983 年，每两年举行一次（从 2004 年起每年举行一次）。它是以个人的方式参加的国际赛事。

世界公园定向锦标赛联赛或称世界公园定向巡回赛（PWT）：每年在世界若干国家和地区的公园巡回举行的职业精英赛，只有世界排名前 25 名的男女运动员才有资格参赛。设总奖金和总排名。

二、其他重要国际比赛

瑞典五日赛（O-Ringer）：世界规模最大的定向比赛，每年 7 月在瑞

典举行。近年有 40 多个国家与地区参赛，有运动员 2 万名。

芬兰 24 小时定向接力赛（Jukola）：世界上规模最大的定向接力赛，设有男子组（7 棒）和女子组（4 棒），参赛队有 2000 多个，每年 6 月在芬兰白昼地区 24 小时持续举行。

瑞典 10 公里夜间定向接力赛（Tio-Mila）：世界上最刺激的夜间定向接力赛，在瑞典举行。

瑞士六日赛（Swiss 6-Days）：每两年 7 月在瑞士举行一次。

苏格兰六日赛（Scottish 6-Days）：每两年在苏格兰举行一次。

瑞典混合定向接力赛（25-Manna）：世界上规模最大的混合定向接力赛，每年 10 月在瑞典举行。

三、我国主要的赛事

全国定向锦标赛：是我国最大的定向比赛，每年在全国不同地方举行。

全国学生定向越野锦标赛：全国学生定向越野最高级别的赛事，各学校均可组队参赛。

全国大学生定向锦标赛：全国高等院校均可组队参赛。

全国大学生运动会定向赛：2004 年第一次列入正式比赛项目。